A alegria
é a prova dos 9

OBRAS DO AUTOR

Os condenados (I. Alma, II. A estrela de absinto, III. A escada)

Os dentes do dragão

Dicionário de bolso

Estética e política

Feira das Sextas

O homem do povo

Um homem sem profissão

Marco zero I (A revolução melancólica)

Marco zero II (Chão)

Memórias sentimentais de João Miramar

Mon coeur balance — Leur âme — Histoire de la fille du roi

Panorama do fascismo — O homem e o cavalo — A morta

Pau Brasil

O perfeito cozinheiro das almas deste mundo

Ponta de lança

Primeiro caderno do aluno de poesia Oswald de Andrade

O rei da vela

O santeiro do Mangue e outros poemas

Serafim Ponte Grande

Telefonema

A utopia antropofágica

OBRAS SOBRE OSWALD DE ANDRADE

Oswald de Andrade: Biografia — Maria Augusta Fonseca

Por que ler Oswald de Andrade — Maria Augusta Fonseca

Oswald de Andrade

A alegria 9
é a prova dos

ANTOLOGIA

seleção, organização e apresentação
Luiz Ruffato

Copyright © 1955 by Espólio de Oswald de Andrade

Todos os direitos reservados. Nenhuma parte desta edição pode ser utilizada ou reproduzida — em qualquer meio ou forma, seja mecânico ou eletrônico, fotocópia, gravação etc. — nem apropriada ou estocada em sistema de bancos de dados, sem a expressa autorização da editora.

Texto fixado conforme as regras do novo Acordo Ortográfico da Língua Portuguesa (Decreto Legislativo nº 54, de 1995).

Preparação: Denis Araki

Revisão: Beatriz de Freitas Moreira

Cronologia: Orna Messer Levin

Capa e projeto gráfico: Andrea Vilela de Almeida

Imagem de capa: ©Tes One/Corbis/Corbis (DC)/Latinstock

Charge na pág.1: Loredano

1ª edição, 2011

DADOS INTERNACIONAIS DE CATALOGAÇÃO NA PUBLICAÇÃO (CIP)
(CÂMARA BRASILEIRA DO LIVRO, SP, BRASIL)

Andrade, Oswald de, 1890-1954.
A alegria é a prova dos nove / Oswald de Andrade; seleção, organização e apresentação Luiz Ruffato. – São Paulo: Globo, 2011.

Bibliografia.
ISBN 978-85-250-4894-3

1. Andrade, Oswald de, 1890-1954 – Crítica e interpretação 2. Literatura brasileira I. Ruffato, Luiz II. Título.

10-06528   CDD-869.9

Índices para catálogo sistemático:
1. Literatura brasileira   869.9

Direitos de edição em língua portuguesa para o Brasil adquiridos por Editora Globo S.A.
Av. Jaguaré, 1485 – 05346-902 – São Paulo – SP
www.globolivros.com.br

sumário

Oswald de Andrade:
pela liberdade, contra a hipocrisia
e a mediocridade – Luiz Ruffato ... 7

CARTEIRA DE IDENTIDADE ... 19

UM HOMEM SEM QUALIDADES ... 23

LAMBE-LAMBE (I) ... 35

DEVORAÇÃO ANTROPOFÁGICA ... 41

ALEGRIA, ALEGRIA ... 48

DAI-NOS, SENHOR ... 51

NOVES FORA ... 55

LAMBE-LAMBE (II) ... 63

UM BANDEIRANTE DO ESPÍRITO ... 72

Na onda vermelha 76

Lambe-lambe (III) 80

O papel (e a caneta) do escritor 92

Geração, gerações 97

Lambe-lambe (IV) 105

Mostra sua cara, Brasil! 115

Minienciclopédia oswaldiana 118

Terra da garoa 121

Lambe-lambe (V) 124

Drágeas 132

Autorretratos em três por quatro 140

Autodeglutição 145

O pensamento vivo de O. A. 152

Cronologia 156

Oswald de Andrade:
pela LIBERDADE, CONTRA a hipocrisia e a mediocridade

OSWALD DE ANDRADE, nascido em 1890 e morto em 1954, é um desses autores que à medida que passa o tempo ampliam o interesse da crítica e conquistam cada vez mais o carinho do público. Se a tendência é a de o nome de Mário de Andrade se consolidar como o mais importante pensador da cultura brasileira do século XX, certamente a Oswald de Andrade está reservado o papel de quem melhor incorporou as contradições de uma época, seja nas idas e vindas de sua vida pessoal (que ele nunca fez questão de que fosse privada), seja nas suas opções estéticas ou políticas.

Por contradição, esclareça-se, não se deve entender incoerência, mas apenas uma forma de agir que se dá no embate entre forças que se digladiam. Para construir este pequeno livro que o leitor tem agora em mãos, tornou-se necessária a (re)leitura de todos os vinte volumes que compõem a coleção da obra completa de Oswald de Andrade. E nada melhor para compreender um determinado autor do que um olhar retrospectivo e globalizante. Da minha jornada saí admirando ainda mais o escritor, um dos mais importantes ficcionistas da literatura brasileira, autor de duas obras-primas que são os romances *Memórias sentimentais de João Miramar* e *Serafim Ponte Grande*, e saí também mais fascinado pelo homem, que fez de sua vida uma luta constante pela liberdade, contra a hipocrisia e a mediocridade.

De menino rico e mimado, filho de uma das maiores fortunas da acanhada São Paulo do fim do século XIX,[1] Oswald terminou seus dias numa precária situação, "emaranhado em dívidas". Entre a abastança e a precariedade, o escritor experimentou de tudo, sempre buscando um sentido para a existência humana. Podemos, *grosso modo*, acompanhar suas peripécias por períodos, verificando, assim, como Oswald de Andrade sintetizou, em sua vida e obra, melhor que ninguém, as angústias de seu tempo.

---

1 Seu pai, José Oswald Nogueira de Andrade, era dono de uma vasta área na região central da cidade, que, loteada, deu origem ao bairro de Cerqueira César. Sua mãe, Inês Henriqueta Inglês de Souza Andrade, era de uma família de jurisconsultos, irmã do escritor Inglês de Souza, autor de romances como *O coronel sangrado* e *O cacaulista*.

Na década de 1910, insuflado pela mãe, funda um jornal, de início despretensioso, O Pirralho, que se torna rapidamente, por seu envolvimento com o futuro presidente Washington Luís,[2] um importante veículo político. Tanto sucesso o leva a fazer, em 1912, a primeira das doze viagens à Europa — justamente a que conhece duas das três personagens fundamentais desse período, a jovem Carmen Lydia (Landa Kosbach) e Kamiá (Henriette Denise Boufflers); a terceira, Maria de Lourdes Castro Dolzani, a Deise ou Miss Cyclone, conheceria alguns anos depois. Com Kamiá, com quem nunca se casou, teve seu primeiro filho; com Carmen Lydia, um tumultuoso *affair*, incluindo todos os ingredientes do mais descabelado enredo romântico; com a normalista Miss Cyclone, frequentadora de sua famosa *garçonnière*, uma relação dúbia, que terminou de maneira trágica, com a morte dela e um casamento *in extremis*.

Esse é o período do Oswald sentimentalmente romântico: se na vida pessoal combate com energia o convencionalismo da sociedade (tem um filho com uma mulher com quem não se casou e ao mesmo

---

2   Por essa época, Washington Luís era secretário de Estado da Justiça e Segurança Pública. De 1914 a 1919 foi prefeito de São Paulo, depois governador (1920-1924), senador (1925) e finalmente presidente da República, eleito em 1926. Em 24 de outubro de 1930 é deposto pelos militares, que entregam o poder a Getúlio Vargas.

tempo mantém uma relação publicamente escandalosa com uma adolescente), na política é devoto do conservadorismo representado pelo Partido Republicano Paulista. Datam desse período as peças (escritas originalmente em francês, parceria com o poeta Guilherme de Almeida) *Mon coeur balance* e *Leur âme*, sob o título genérico... *Théâtre brésilien*,[3] e a redação dos romances, entre 1917 e 1921, que viriam a compor a *Trilogia do exílio*, cujo primeiro volume saiu em 1922, com o título *Os condenados*.[4]

A década de 1920 conhece o Oswald antropófago. O escritor despende suas energias na organização da Semana de Arte Moderna e envolve-se diretamente na criação e manutenção das revistas *Klaxon* (1922) e *Antropofagia* (1928 e 1929), e, indiretamente, em *Terra Roxa e outras terras* (1926) e *Verde* (de Cataguases, MG, 1927). Nesse período de intensa atividade, revoluciona a literatura brasileira com a publicação do romance *Memórias sentimentais de João Miramar*, em 1924, e dos livros de poemas

---

3 "Vazei, principalmente nesta peça [*Leur âme*], toda a crise amorosa que me oprimiu". In: *Um homem sem profissão*. São Paulo: Globo, 2005, p. 143.

4 Os volume seguintes sairiam em 1927 (*A estrela de absinto*) e em 1934 (*A escada vermelha*). Com o título geral *Os condenados – A trilogia do exílio* é publicada num único volume, sendo os títulos de cada uma das partes alterados para: *Alma*, *A estrela de absinto* e *A escada*.

Pau Brasil, em 1925, e *Primeiro caderno do aluno de poesia Oswald de Andrade*, em 1927 — e redige aquele que considerava seu melhor livro, *Serafim Ponte Grande*, editado apenas em 1933. No entanto, se suas ideias estéticas (e morais) são avançadas, politicamente mantém-se atado à caduca oligarquia cafeeira paulista: em 1926 casa-se com a artista plástica Tarsila do Amaral, tendo como padrinho o presidente Washington Luís, que, derrubado quatro anos depois, viria a se tornar o último representante da República Velha...

Essa tensão entre seu anticonvencionalismo, artístico e pessoal, e suas opções ideológicas convergiria para uma guinada radical: Oswald de Andrade encerra a década de 1920 rompido com seus amigos Paulo Prado e Mário de Andrade, separado de Tarsila e casado com Patrícia Galvão, a Pagu. O novo período que se abre coincide com a República Nova, ou seja, os quinze anos da ditadura Vargas. Em 1931, Oswald encontra-se com o líder comunista Luís Carlos Prestes e funda um jornal, *O Homem do Povo*, de divulgação da causa operária. A partir daí, filiado ao Partido Comunista, submete-se com paixão à nova visão de mundo: publica em 1933 *Serafim Ponte Grande*, com um prefácio autocrítico, em que, se não renega o livro, expia-o como um "necrológio da burguesia"[5] e expressa seu desejo de tornar-se "casaca de ferro

---

5   *Serafim Ponte Grande*. São Paulo: Globo, 2007, p. 57.

na Revolução Proletária".[6] Nessa fase de militância, escolhe o teatro como palco ideal de propagação de suas ideias: escreve e publica as peças *O homem e o cavalo* (1934), *A morta* e *O rei da vela* (ambas de 1937), mas não consegue vê-las encenadas. Em 1934, é editado o último volume da *Trilogia do exílio*, com o título — que já tinha sido *A escada* e *A escada de Jacó* — *A escada vermelha*... Ao longo da década de 1930 redige também o romance cíclico *Marco zero*, previsto para cinco volumes, dos quais saíram apenas dois, *A revolução melancólica*, em 1943, e *Chão*, em 1945. O fim da Segunda Guerra Mundial encontra-o casado de novo (separou-se de Pagu em 1934, uniu-se a Julieta Bárbara Guerrini, e em 1943 passa a viver com Maria Antonieta d'Alkmin, sua derradeira mulher) e rompido com o Partido Comunista, por conta dos rumos tomados pelo líder Luís Carlos Prestes.[7]

Inicia-se então o último período da vida de Oswald de Andrade. Se, por um lado, está feliz em seu lar (a paixão por Maria Antonieta explode em seu belíssimo *Cântico dos cânticos para flauta e violão*, publicado em 1944),[8] por outro lado, agravam-se

6 Ibidem, p. 58.
7 Ver "Vida, paixão e morte do PCB". In: *Os dentes do dragão*. São Paulo: Globo, 2008, pp. 176-183.
8 Numa separata da *Revista Acadêmica*, em junho de 1944. Em livro, na edição *Poesias reunidas O. Andrade* (São Paulo: Edições Gaveta, 1945).

suas dificuldades financeiras e a sensação de ter sido esquecido.[9] Para sustentar-se, aumenta sua colaboração nos jornais, em artigos em geral polêmicos, em que defende as conquistas modernistas contra o que considerava retrocesso de regionalistas e neoparnasianos, e ataca o que chamava de oportunismo de seus ex-camaradas comunistas. Além disso, aprofunda suas preocupações teóricas, em textos de conferências e palestras, principalmente na reformulação de seu conceito de antropofagia, ao qual tenta dar um caráter de reflexão filosófica. Nesses anos, publica apenas a tese *A crise da filosofia messiânica*, em 1950, e o primeiro e único volume de suas memórias, *Um homem sem profissão*, intitulado *Sob as ordens de mamãe*, lançado pouco antes de sua morte, em 1954.

A alegria é a prova dos nove pretende oferecer, por meio de uma seleção de frases e pensamentos originais do autor, uma síntese desse seu percurso pessoal, em que público e privado se confundem para ordenar a história literária, política e moral da primeira metade do século xx.

A primeira seção, "Carteira de identidade", é uma autoapresentação física e intelectual, uma espécie de prefácio às outras seções do livro:

9 Ver CAMPOS, Augusto. "Poesia de ponta-cabeça". In: *Primeiro caderno do aluno de poesia Oswald de Andrade*. São Paulo: Globo, 2008, pp. 13 e ss.

- "Um homem sem qualidades" aborda aspectos biográficos do homem que, morto aos 63 anos, participou intensamente de todos os grandes momentos da vida literária e política nacional, e cujo destino, antecipava, "é o de um paraquedista que se lança sobre uma formação inimiga: ser estraçalhado";

- "Devoração antropofágica" explicita como, ao longo de sua trajetória, o autor persegue a construção de um arcabouço discursivo capaz de dar à Antropofagia uma dimensão filosófica — "Deus existe como adversário do homem" —, que se desdobra do Primitivismo inicial ao Orfismo final;

- "Alegria, alegria" é a busca de um método, "alegria dos que não sabem e descobrem";

- "Dai-nos, Senhor" intenta uma conceituação da poesia, "a descoberta das coisas que nunca vi";

- "Noves fora" justifica e defende os alicerces do Modernismo como movimento de vanguarda estética, "a coisa mais séria que já se fez nas Américas em matéria de arte e literatura";

- "Um bandeirante do espírito" expõe as incertezas de seu pensamento ideológico;

- "Na onda vermelha", a experiência concreta com o comunismo;

- "O papel (e a caneta) do escritor" formula ideias a respeito do ato de escrever, por aquele que acreditava que a vida e a obra "são a mesma coisa";

- "Geração, gerações" promove um balanço amargo das experiências estéticas do pós--Modernismo: "Estou profundamente abatido, desiludido", dizia em uma de suas últimas entrevistas, "porque meu chamado não teve resposta", principalmente por conta da hegemonia do que ele rotulava de "literatura de tração animal" (os regionalistas) e da "súcia de patriarcas do soneto, de párocos do inefável" (os poetas da Geração de 45);

- "Mostra sua cara, Brasil!" analisa o Brasil e os brasileiros, "o maior grilo da história", cuja elite intelectual "não passa de um bando de ignorantões";

- "Minienciclopédia oswaldiana" é um conjunto de sarcasmos;

- "Terra da garoa", a relação de amor e ódio com São Paulo, "cidade onde até as estátuas andam";

- "Drágeas" discorre sobre temas variados, da Academia Brasileira de Letras à viagem;

- "Autorretratos em três por quatro" traz reflexões a respeito de si mesmo, um "escritor que não tem fãs e, quando distribui autógrafos, é aos pregos e aos bancos";

- "Autodeglutição" avalia a própria obra;
- "O pensamento vivo de O. A." traz algumas das frases emblemáticas deste que fez do humor "a flor cáustica da liberdade".

Entremeando tudo isso, desdobra-se a seção "Lambe-lambe", na qual se evidencia sua franqueza, às vezes ferina, ao julgar seus colegas, contemporâneos ou não, já que, afirmava, "quando é para falar mal, falo mal até de minha própria família. Toda a minha vida se pautou por uma grande lealdade a mim mesmo". E sem que, nessas críticas, haja qualquer "sombra de ódio ou rancor".

Ao final, fica o desejo de que aquele leitor que ainda não tenha tido contato com a obra de Oswald de Andrade possa, por meio desta pequena introdução, obter uma pálida ideia da complexidade do escritor (e, apaixonando-se, mergulhe imediatamente em seus romances, peças de teatro, poesias e ensaios), e, aos que já a conheçam, permita construir novas imagens desse homem que devotou todas as suas forças, com rara sinceridade, para mudar o país, lutando contra o autoritarismo (na política), a hipocrisia (nas relações sociais) e a mediocridade (nas artes).

Luiz Ruffato

ABREVIATURAS USADAS NESTA ANTOLOGIA

PB — *Pau Brasil* (1925)
SPG — *Serafim Ponte Grande* (1933)
PL — *Ponta de lança* (1945)
HSP — *Um homem sem profissão* (1954)
UA — *A utopia antropofágica* (1990)
DB — *Dicionário de bolso* (1990)
EP — *Estética e política* (1991)
SMOP — *O santeiro do Mangue e outros poemas* (1991)
TE — *Telefonema* (1996)
FS — *Feira das Sextas* (2000)
DD — *Os dentes do dragão* (2009)
PFHCM — *Panorama do fascismo / O homem e o cavalo / A morta* (2005)

Carteira de
IDENTIDADE

— Nasceu em 1890 em São Paulo.

— Casado cinco vezes, tem quatro filhos.

— Considera-se definitivamente casado com Maria Antonieta d'Alkmin.

— Pesa 89 quilos.

— Altura, 1,65.

— Sapato nº 40.

— Colarinho nº 42.

— Usa óculos só para ler.

— Não gosta de andar.

— Dorme e acorda cedíssimo.

— Faz visita só quando é obrigado.

— Só fuma charuto e cachimbo.

— Prato de sua predileção: bife com batatas.

— É antropófago.

— Compositores de sua predileção: Erik Satie e Villa-Lobos.

— Ajuda a mulher em casa fazendo todas as manhãs o café do casal.

— Brinca com os filhos.

— É péssimo correspondente epistolar.

— Acha a nova geração de poetas paulistas [a chamada Geração de 45] inferior à que veio de 1922.

— Considera a sua obra literária acima da compreensão.

— Pessoalmente é pessimista.

— Não tem amigos.

— Vai pouco ao cinema.

— Considera o crítico Sérgio Milliet responsável pelo fracasso da pintura moderna de São Paulo.

— Está escrevendo suas memórias: "Diário Confessional".

— Poetas de sua predileção: Cassiano Ricardo, Carlos Drummond de Andrade, Vinicius de Moraes e Murilo Mendes.

— Escreve à mão.

— Tem muito cabelo.

— Come bem.

— Trabalha em casa.

— Fruta de sua predileção: jabuticaba.

— Acha da maior importância o romance nordestino, particularmenteo de Jorge Amado, José Lins do Rego, Graciliano Ramos e Rachel de Queiroz.

— Escreve seus livros geralmente de madrugada.

— Gosta de bom vinho, bom uísque e boa pinga.

— Várias vezes foi homem rico, outras, homem pobre.

— Escreveu *Teatro brasileiro*, seu primeiro livro, em parceria com Guilherme de Almeida, aos 26 anos.

— Gosta de todos os seus livros publicados e não se arrepende de os ter escrito.

— Espera viver até os 83 anos para grande desgosto de muita gente.

A Manhã, Rio de Janeiro, 18.7.1948. (DD, 1948)

Um HOMEM SEM QUALIDADES

[...] minha vida se desenvolveu no diagrama paulista: "miséria-aventura-latifúndio".

(DD, 1941)

Eu era filho único de dois velhos solitários e religiosos e não me dei bem com o ambiente. O que eu queria era ser personagem de Shakespeare, ou, se possível, o próprio Shakespeare.

(DD, 1941)

Assim, cedo mergulhava eu nesse maravilhoso universo da bronha onde permaneci virgem até quase a maioridade.

(HSP, 1953)

Fui criado evidentemente para uma vida terrena que era simples trânsito, devendo, logo que Deus quisesse, incorporar-me às suas teorias de anjos ou às suas coortes de santos.

(HSP, 1953)

Ser bem-educado era fugir da vida.

(HSP, 1953)

Logicamente tinha que ficar católico. A graça ilumina sempre os espólios fartos. Mas quando já estava ajoelhado (com Jean Cocteau!) ante a Virgem Maria e prestando atenção na Idade Média de São Tomás, um padre e um arcebispo me bateram a carteira herdada, num meio dia policiado da São Paulo afarista. Segurei-os a tempo pela batina. Mas humanamente descri. Dom Leme logo chamara para seu secretário particular, a pivete principal da bandalheira.

(SPG, 1933)

A nossa geração integrara-se na consciência capitalista que gelara os velhos sentimentos da gente brasileira. Nos mantivemos, primos e primas, cautelosamente afastados, se não hostis, vagamente nos encontrando nos enterros da família e sabendo, por travessas vias, de doenças, partos e transações. Nossos pais vinham do patriarcado rural, nós inaugurávamos a era da indústria.

(HSP, 1953)

Minha infância abriu os olhos para um volume anônimo que se chamava *Carlos Magno e os Doze Pares de França*. [...] Minha adolescência bebeu Júlio Verne que era o gibi da época. [...] Minha virilidade se embebedou da galhardice de Fialho de Almeida, se sombreou de Romain Rolland.

(DD, 1944)

O primeiro decênio de minha conscientização, eu o reservara para mergulhar na vida: fui anarquista [...]; boêmio [...]; jornalista [...]; cronista elegante [...]; católico [...]; bacharel em Direito [...].

(DD, 1941)

A Faculdade de Direito, com sua bucha visível, para onde me vi forçado a entrar por um equívoco de colega, com seus lentes idiotas, seus velhos alunos cretinos, sua tradição de miserável atraso colonial, me provocava o mais justo dos desprezos.

(HSP, 1953)

Cheguei já homem a comungar para obter notas boas para certos colegas obtusos ou malandros da Faculdade de Direito. Simples comércio com o mito que meu invencível sentimento órfico cultivava.

(HSP, 1953)

O anarquismo da minha formação foi incorporado à estupidez letrada da semicolônia. Frequentei do repulsivo Goulart de Andrade ao glabro João do Rio, do bundudo Martins Fontes ao bestalhão Graça Aranha. Embarquei, sem dificuldade, na ala molhada das letras, onde esfuziava gordamente Emílio de Menezes.

(SPG, 1933)

O fato de eu ter na minha família um escritor — o Inglês de Souza [...] — criou, de certo modo, para minha infância, a possibilidade de sonhar com uma vocação que a outros passaria despercebida.

(DD, 1941)

Ser literato não constituía, [...] no seio de minha gente, vergonha nenhuma nem compromisso algum com a existência em carne viva que tem fatalmente que ser a de quem escreve.

(HSP, 1953)

O mal foi ter eu medido o meu avanço sobre o cabresto metrificado e nacionalista de duas remotas alimárias — Bilac e Coelho Neto. O erro ter corrido na mesma pista inexistente.

(SPG, 1933)

Eu iniciara em dialeto ítalo-paulista as "Cartas d'Abaxo Piques" que encontraram um sucessor em Juó Bananere. Parecia ele um moço tímido e quase burro, mas seu êxito foi enorme quando tomou conta da página da revista intitulada "O Rigalejo". Chamava-se Alexandre Marcondes e era primo do futuro Ministro do Trabalho.

(HSP, 1953)

Aos vinte anos fiz a primeira barba, levado por meu pai, no Salão América, em frente à Igreja de Santo Antônio, onde hoje se abre a Praça do Patriarca.

(HSP, 1953)

A primeira coisa a que assistimos, brasileiros recém-chegados ao Hotel de Russie, em Paris, foi [...] uma manifestação pela *revanche*. Me certificava, assim, de que o homem gosta de brigar.

(HSP, 1953)

Assisti a um comício em fila triste e pacífica sob o feroz cassetete dos guardas da polícia inglesa. Estávamos, evidentemente, na Inglaterra de Marx. E eu não sabia.

(HSP, 1953)

Estávamos logo morando num pequeno apartamento da Rue Vavin, junto ao Jardim do Luxemburgo. Descobri três delícias, um doce, um queijo e uma garota. O primeiro era um *éclair*, o segundo era um queijinho da Normandia que parecia estragado. Tinha o nome de Camembert. A garota chamava-se Madeleine.

(HSP, 1953)

Estava eu, de novo, diante do velho oratório doméstico, com suas fulgurações de prata e os cabelos soltos dum Cristo de paixão, entre imagens de santos de todos os tamanhos. E sentia, desta vez, muito bem, que aquilo era uma célula vazia de significação e muito pouco digna de respeito. Por trás do oratório não existia nada. A parede, em vez do céu prometido. Nenhuma ligação metafísica unia aquelas figurações baratas a um império supraterreno. Nada, nada, nada.

(HSP, 1953)

Com pouco dinheiro, mas fora do eixo revolucionário do mundo, ignorando o Manifesto Comunista e não querendo ser burguês, passei naturalmente a ser boêmio.

Tinha feito uma viagem. Conhecera a Europa "pacífica" de 1912. Uma sincera amizade pela ralé notívaga da *butte* Montmartre, me confirmava na tendência carraspanal com que aqui, nos bars, a minha atrapalhada situação econômica protestava contra a sociedade feudal que pressentia. Enfim, eu tinha passado por Londres, de barba, sem perceber Karl Marx.

(SPG, 1933)

Dois palhaços da burguesia, um paranaense, outro internacional [...] me fizeram perder tempo: Emílio de Menezes e Blaise Cendrars. Fui com eles um palhaço de classe. Acoroçoado por expectativas, aplausos e quireras capitalistas, o meu ser literário atolou diversas vezes na trincheira social reacionária.

(SPG, 1933)

[...] esse grande casamento [com Tarsila do Amaral] acompanhou o destino do café. Subiu a alturas, conseguiu um raro cartaz, depois rodopiou e caiu. Evidentemente, o culpado foi, com o destino, o autor deste diário.

(TE, 1951)

[...] se era já um escritor progressista que tinha como credenciais a parte ativa tomada na renovação da prosa e da poesia do Brasil desde 22, pude ser esse mesmo escritor a serviço de uma causa, a causa do proletariado que [Luís Carlos] Prestes encarnava.

(DD, 1945)

Em 35, tive [...] um incidente pessoal que me afastou da luta revolucionária [neste ano, conhece Julieta Guerrini, com quem se casaria]. Se, durante os anos anteriores, havia sido preso muitas vezes e tivera grandes fugas, em 35 achava-me isolado, recomeçando atividades abandonadas. [...] fui obrigado a voltar às atividades burguesas, justamente a fim de manter a minha independência nas letras e na política.

(DD, 1945)

Até a minha maturidade fui marcado pelos seguintes [livros]:
Carlos Magno e os Doze Pares de França e [...] Júlio Verne, na infância.

Os miseráveis, de Victor Hugo, aos quinze anos. *A relíquia*, de Eça de Queiroz, aos dezessete.

A obra de Anatole France e de Mirbeau aos dezoito. Fialho de Almeida, aos dezenove.

O *Zaratustra* de Nietzsche e *O idiota* de Dostoiévski, aos vinte. Até aos trinta anos, Ibsen, Balzac e Romain Rolland. Depois os grandes romances que são o *Ulisses*, de Joyce, *A montanha mágica*, de Mann, e *A energia*, do soviético Gladkov. A *Bíblia* e o *Manifesto Comunista* tiveram sobre mim grande influência.

(DD, 1947)

Enquanto os padres, de parceria sacrílega, em S. Paulo com o professor Mário de Andrade e no Rio com o robusto Schmidt cantam e entoam, nas últimas novenas repletas do Brasil:

> *No céu, no céu*
> *com "sua" mãe estarei!*

eu prefiro simplesmente me declarar enojado de tudo. E possuído de uma única vontade. Ser pelo menos, casaca de ferro na Revolução Proletária.

O caminho a seguir é duro, os compromissos opostos são enormes, as taras e as hesitações maiores ainda.

Tarefa heroica para quem já foi Irmão do Santíssimo, dançou quadrilha em Minas e se fantasiou de turco a bordo. Seja como for. Voltar para trás é que é impossível. O meu relógio anda sempre para a frente. A História também.

(SPG, 1933)

Briguei diversas vezes à portuguesa. Tomei parte em alguns conflitos públicos, dois quando dirigia o jornal *O Homem do Povo*, em 1931. Estive preso e foragido muitas vezes. Enfrentei duas vaias, a da Semana de Arte Moderna, no Teatro Municipal de São Paulo, e a do Congresso da Lavoura, em 1929. [...] Realizei doze travessias para a Europa. Conheci o Oriente Próximo, Atenas, Constantinopla, a Palestina e o Egito. Conheço bem o meu estado, e um pouco do Brasil — de Santa Catarina a Pernambuco e Mato Grosso. Fiz duas conferências, uma na Sorbonne, que era Universidade de Paris, e outra em São Paulo, no Sindicato dos Padeiros, Confeiteiros e Anexos. Morei quase sempre em São Paulo na capital, como no interior e no litoral. Morei também no Rio de Janeiro e em Paris. Em palácios, ranchos e cortiços, grandes hotéis e quartos modestos.

Literariamente, minha carreira foi tumultuosa. Pode-se dizer que se iniciou com a Semana de Arte Moderna, em 1922. Publiquei então *Os condenados* e *Memórias sentimentais de João Miramar*. Descobri o poeta Mário de Andrade, do que muito me honro. Iniciei o movimento Pau Brasil que trouxe à nossa poesia e à nossa pintura a sua latitude exata. Daí passei ao movimento antropofágico que ofereceu ao Brasil dois presentes régios: *Macunaíma* de Mário de Andrade e *Cobra Norato* de Raul Bopp. O divisor das águas de 1930 me jogou para o lado esquerdo, onde me tenho conservado com inteira consciência e inteira razão.

(DD, 1943)

Durante quinze anos dei a minha vida e a de dois filhos para ser apenas um obscuro membro do Socorro Vermelho. Prisões, fugas espetaculares, a ruína financeira e até a fome foram os títulos que conquistei nessa gloriosa militância.

(TE, 1949)

Em meio século de literatura, duas lembranças avultam em minha memória. A de João do Rio e a de Mário de Andrade. Foram os dois homens mais interessantes que conheci em todo esse tempo. E, do Emílio de Menezes, diga que foi uma janela aberta, um respiradouro naquele clima convencional de letrados do começo do século.

(DD, 1950)

[Me considero] um homem sem profissão definida. [...] Sim, porque a verdade é esta: os escritores não me levam a sério, nem sequer me consideram também escritor; nunca consegui ser capitalista; tampouco, comerciante...

(DD, 1953)

Fito nas paredes do *living* espaçoso as minhas altivas bandeiras. São os quadros, as obras-primas da pintura moderna de que breve vou me desfazer. São os estandartes levantados na guerra que foi a minha vida.

(HSP, 1953)

[Tenho] 63 anos de idade e o coração estragado. Não é que me importe muito com a vida; mas acontece que tenho uma mulher deliciosa e dois garotos formidáveis. Preciso viver mais algum tempo... Tenho 63 anos, sou cardíaco, mas topo qualquer briga.

(DD, 1952)

[...] espero viver 83 anos, [ou melhor] "preciso" viver até essa idade, porque estou construindo um prédio na deflação. Além disso, tenho filhos pequenos, mulher moça e uma obra muito importante a terminar.

(TE, 1948)

> # Lambe-lambe
> ### (1)

Sou um pouco radical nas minhas afirmações, mas não tenho errado muito.

(TE, 1952)

Augusto dos Anjos

[...] foi o único poeta que resistiu ao desprestígio formal do soneto. Sua expressão como suas ideias ultrapassaram a derrocada dos poemas de forma fixa.

(TE, 1954)

Emílio de Menezes

Confraternizei com esse baluarte da sátira, apesar de realmente ele nada ter de avançado. Destruía paspalhões e mediocridades, mas era até vagamente católico. Em política, por pobres motivos, pertencia à facção do ditador Pinheiro Machado. Suas teorias sobre o verso eram ridículas e, quando declamava a sério os sonetões desengarrafados de seu empolado parnasianismo, tomava a languidez duma prima-dona de bigodes. E partia a cara de quem piasse contra a sua impoluta versificação.

Não era somente gordo, mas alto e forte. Traço curioso — ele, que espinafrava as reputações, não admitia a menor brincadeira a seu respeito, tendo muitas vezes metido o bengalório nos minúsculos e ariscos opositores que encontrava. Com seus belos olhos azuis e seus bigodes brancos em ponta, punha o mundo abaixo diante de qualquer suposto inimigo. Sofria visivelmente de um poderoso complexo de inferioridade social.

(HSP, 1953)

Eça de Queiroz

Eça teve um papel decisivo na formação das gerações do começo do século. Foi ele quem nos despiu da estupidez lanuda dos preconceitos de nossos cretiníssimos avós espirituais e foi quem primeiro nos conduziu pela mão até o sol das liberdades modernas. A França fez o resto.

Sou daqueles que se fatigaram da prosa límpida e clara de Eça, para preferir-lhe a augusta bruteza de Fialho de Almeida e depois acompanhar com amor a ascensão telúrica de Aquilino Ribeiro.

Mas nunca esquecerei que foi travando relações com a Titi, o Pacheco, o Conselheiro Acácio e os cônegos do Padre Amaro é que eu soube ver as calamidades que queriam aniquilar a minha crédula adolescência.

(TE, 1952)

Jackson de Figueiredo

[...] um cangaceiro do espírito, uma "coluna de fogo" etc. [A sua] obra inteira [...] é de uma mediocridade lancinante e de uma falta de importância absoluta.

(DD, 1929)

Léo Vaz

[...] vocês que fazem uma guerra infernal à "arte moderna" aproveitam-se de tudo para se darem um grande ar de entendidos, jogando para cima de nós o estulto rótulo de improvisadores e palpiteiros. Vocês é que são uns imperdoáveis preguiçosos mentais, solidários com o ancilóstomo no retardo bucólico destes intelectuais Brasis. [...] A cada liquidação de nossos esforços feita pela igrejinha, ressurgimos, no entanto, mais fortes e sadios.

(PL, 1943)

Monteiro Lobato

Eis um nome que, entre nós, enche a primeira metade deste século. Terminada com honra a sua pesada tarefa, pode-lhe ser atribuído o título de primeiro reformador da prosa brasileira. Não é de hoje que me bato pela inclusão de Lobato nas fileiras do Modernismo. [...]

A Lobato deve muito o Brasil. Em primeiro lugar o exemplo magnífico e raro do intelectual que não se vende e não se aluga, não se coloca a serviço dos poderosos ou dos sabidos. [...]

Depois, foi ele um homem de ação e um descobridor. Devem-se a ele a campanha do livro e a campanha do petróleo. Foi ele o criador da nossa literatura infantil.

(TE, 1948)

Monteiro Lobato [...] ficará sem dúvida como o primeiro prosador do Brasil moderno.

(EP, 1948)

Pedro Rodrigues de Almeida

Pedro Rodrigues de Almeida [...] fazia romances naturalistas. Uma espécie de Otávio de Faria sem repercussão nem reclame. Foi ele um dos homens que mais cedo desmoralizaram para mim a fé católica. Topava sorrindo pelos belos dentes sob bigodes pretos todo e qualquer pecado e estava no outro dia comungando para de novo pecar à tarde. Fazia isso sem a menor cerimônia. Quando eu o interpelava sobre o assunto, me respondia que a carne era fraca e o homem de natureza pecaminosa, mas para remediar isso a graça de Deus agia.

(HSP, 1953)

Diante dessas páginas que Pedro vitaliza, muito me admiro de ele ter sido o maior e talvez o mais trágico fracassado de sua geração numerosa. Era o oposto do marginal, comunicativo e sedutor, sem nenhuma marca de talento agreste ou solitário, antes escrevendo o médio do bom gosto, cultuando atitudes católicas e tradicionalistas, relacionadíssimo em seu meio, tudo indicava a facilidade de altos postos para suas razoabilíssimas pretensões. Nada disso, no entanto, aconteceu.

(HSP, 1953)

Rui Barbosa

Rui Barbosa passou a ser o antepassado cacete, aquele que, quando a família inteira quer sair de short no domingo praiano, a tia trêmula e surda, lembrando o retrato austero e inútil da Sala dos Mortos, evoca:
— Imagine se seu avô visse isso!

(TE, 1948)

Devoração
ANTROPOFÁGICA

Tupi or not tupi that is the question.

(UA, 1928)

Quando cheguei da Europa, me perguntavam se eu seria futurista, surrealista, dadaísta ou que outra denominação me calhasse aos anseios renovadores. Não fui nada disso, procurei uma geografia para os meus rumos estéticos, que foi precisamente o Primitivismo. Veio daí o movimento Pau Brasil a que se filiam o *Clã do Jabuti*, o *Macunaíma* de Mário de Andrade e *Cobra Norato* de Raul Bopp. A Antropofagia veio depois.

(DD, 1954)

Primitivismo, porque se formos naturais, temos que ser de nossa época. Uma época que começa. Que ignorava o vapor há cem anos, o automóvel há trinta, o avião há vinte, o gás asfixiante há doze e o Brasil há três.

(DD, 1925)

[...] nosso cérebro precisa é de um banho de estupidez, de calinada bem nacional, brotada dos discursos das câmaras, dos comentários da imprensa diária, das folhinhas, enfim, de tudo quanto representa a nossa realidade mental.

O resto é desarmonia, quando não é falsidade.

(DD, 1925)

Se alguma coisa eu trouxe das minhas viagens à Europa dentre duas guerras, foi o Brasil mesmo.

(PL, 1944)

Os dadaístas querem [...] permanecer na treva gagá em que se refugiaram ou daí tatear para um compartimento puramente freudiano. Eu proponho a linha nacionalista que vem da santidade dos cronistas à burrice dos anúncios dos Fróis.

(DD, 1925)

A Antropofagia é o culto à estética instintiva da Terra Nova. Outra: É a redução, a cacarecos, dos ídolos importados, para a ascensão dos totens raciais. Mais outra: É a própria terra da América, o próprio limo fecundo, filtrando e se expressando através dos temperamentos vassalos de seus artistas.

(DD, 1928)

A Antropofagia é uma revolução de princípios, de roteiro, de identificação.

(DD, 1929)

Um dos fenômenos de permanência psicológica que mais de perto acompanham a ação humana é a criação do tabu, elemento de função fixa na transformação do eterno presente. O seu caráter é sacro: o direito, a arte e a religião.

Na totemização desses valores todos os dias consiste a vida individual e social, que por sua vez renova os tabus, numa permanente e, graças a Hegel, insolúvel contradição.

(DD, 1929)

[A antropofagia] pertence como ato religioso ao rico mundo espiritual do homem primitivo. Contrapõe-se, em seu sentido harmônico e comunial, ao canibalismo que vem a ser a antropofagia por gula e também a antropofagia por fome [...].

(UA, 1950)

Se o catolicismo e o marxismo oficiais não deram a solução que esperavam os homens desiludidos e trágicos da última guerra, e eles se atiraram às evidências da filosofia existencial, por que não procurarmos em nós mesmos a idade de pedra que marcará sempre o homem nascido da mulher.

(TE, 1947)

O existencialismo robusteceu minhas posições de 28 — a Antropofagia.

(DD, 1947)

Não tinha chegado eu ainda às convicções que hoje mantenho, como conquista espiritual da Antropofagia, de que Deus existe como o adversário do homem, ideia que encontrei formulada em dois escritores que considero ambos teólogos — Kierkegaard e Proudhon. São dois estudiosos da adversidade metafísica que se avizinham da formulação do conceito do primitivo sobre Deus, que é afinal o tabu, o limite, o contra, que as religiões todas tentam aplacar com seus ritos e sacrifícios.

(HSP, 1953)

Crise de catolicismo mais do que de religião, pois, tendo da Igreja a pior ideia, nunca deixei de manter em mim um profundo sentimento religioso, de que nunca tentei me libertar. A isso chamo eu hoje sentimento órfico. Penso que é uma dimensão do homem. Que dele ninguém foge e que não se conhece tribo indígena ou povo civilizado que não pague este tributo ao mundo subterrâneo em que o homem mergulha. A religião existe como sentimento inato que através do tempo e do local toma essa ou aquela orientação, este ou aquele compromisso ideológico e confessional, podendo também não assumir nenhum e transferir-se numa operação freudiana.

(HSP, 1953)

Essa certeza órfica é uma alavanca presa geralmente à paróquia mais próxima de cada um. A fé que move montanhas. Daí a força das religiões que se contradizem, se batem entre si, mas dominam o mundo humano, totemizando a seu modo o tabu imenso que é o limite adverso — Deus. Por isso, não se encontra povo primitivo ou nação civilizada sem a exploração sacerdotal desse filão encantado que tece nossa esperança imarcescível. É a transformação do tabu em totem.

(HSP, 1953)

O real é muito mais vasto do que a sua aparência. O homem é um ser que transborda para o ilimitado. O homem é um ser transcendente, um animal ontológico. Daí, por exemplo, a inelutável vitória do sentimento religioso sob as formas tradicionais ou novas do orfismo. Daí a triunfal reivindicação da arte que quebra os limites do visual e reinicia a plástica criadora do mundo renovado.

(TE, 1954)

Quem se assombra com o avião sem piloto não entende que a ele e ao progresso técnico que representa correspondem a erótica moderna, trazida pelo nu e pelo esporte, a rapina e o pronunciamento político, o celibato e a glória de Tarzã.

(DD, 1947)

Está cada vez mais se evidenciando que a Antropofagia é a terapêutica social do mundo moderno.

(DD, 1950)

Só a Antropofagia nos une. Socialmente. Economicamente. Filosoficamente.

(UA, 1928)

A vida é devoração pura.

(UA, 1950)

Alegria, ALEGRIA

A alegria é a prova dos nove.

(UA, 1928)

Alegria dos que não sabem e descobrem.

(UA, 1924)

A poesia para os poetas. Alegria da ignorância que descobre.

(PB, 1925)

Se eu me casasse
Queria uma orquestra
Bem besta

(PB, 1925)

Ando desperdiçando beleza
Longe de ti

(PB, 1925)

Os alfandegueiros de Santos
Examinaram minhas malas
Minhas roupas
Mas se esqueceram de ver
Que eu trazia no coração
Uma saudade feliz
De Paris

(PB, 1925)

Quando o português chegou
Debaixo duma bruta chuva
Vestiu o índio
Que pena!
Fosse uma manhã de sol
O índio tinha despido
O português.

(SMOP, 1991)

Antes dos portugueses descobrirem o Brasil, o Brasil tinha descoberto a felicidade.

(UA, 1928)

Dai-nos, Senhor

No Pão de Açúcar
De Cada Dia
Dai-nos Senhor
A Poesia
De Cada Dia

(PB, 1925)

A Poesia existe nos fatos.

(UA, 1924)

Aprendi com meu filho de dez anos
Que a poesia é a descoberta
Das coisas que eu nunca vi

(PB, 1925)

Foi a burguesia na sua fome ascensional de poder que escorraçou o poeta de seu meio tornado mercantilista e baniu da utilidade pública o filósofo e o pintor.

E o poeta, o filósofo e o pintor reagiram na mais longa greve de infelicidade a que os homens alfabetizados assistiram. Pode-se afirmar que todo o século XIX, o século das confissões, das mágoas e dos dilúvios de ternura edípica em torno da amada, foi apenas o espetáculo das catacumbas líricas, onde se haviam soterrado os que não participavam e não cooperavam com a vitória infrene e grosseira da sociedade burguesa.

(FS, 1943)

Para se fazer poesia avançada, revolucionária, enfim, que de algum modo sirva ao progresso humano, uma condição essencial se impõe — que a poesia não se preste a humorismo e blague para o gozo das direitas.

(TE, 1944)

Que é poesia?
O que a distingue de verso mau ou da prosa útil é o seu estado de permanência. Ela monumentaliza a linguagem fixando paixões, comandos, catástrofes e paraísos de um modo imperecível. O poema é o monumento da língua que o produz.

(EP, 1949)

[...] poesia é tudo: jogo, raiva, geometria, assombro, maldição e pesadelo, mas nunca cartola, diploma e beca.

(EP, 1949)

A humildade é a primeira condição do poeta. A poesia nasce como um deus nas estrebarias, entra nos aglomerados montada num burro. E morre todos os dias na cruz que lhe ofertam.

(EP, 1949)

A poesia é velha como o mundo e hermética como o mundo. A poesia nunca é compreendida pelo grande público, senão através da exegese. É uma questão de sensibilidade, de eleição e de cultura.

(DD, 1949)

NOVES FORA

A minha geração ficou sendo cronologicamente a de 22. Não faço sempre empenho em defendê-la. Pelo contrário, eu mesmo a tenho atacado continuamente e fui mais que injusto diversas vezes para com a sensibilidade dos meus companheiros de jornada.

(FS, 1943)

Um dia surgiu a ideia da Semana. A ideia, parece, foi do Di Cavalcanti. Minha não foi, nem de Mário. Nem de Menotti.

(DD, 1954)

René Thiollier era secretário da Academia Paulista, usava fraque e monóculo. Mas foi ele, realmente, quem arranjou o Teatro Municipal; foi ele quem deu o dinheiro. Homem rico e influente, facilitou a preparação, possibilitou a realização e permitiu a penetração do movimento que nós imaginávamos. [...] Sem ele, não haveria Semana.

(DD, 1954)

Nós, aqui em São Paulo, fizemos a revolução modernista muito mais por causas do Matarazzo e dos sírios do que de Graça Aranha ou de D. Júlia Lopes.

(TE, 1948)

Houve então quem recordasse a Semana de Arte Moderna de 22, onde Villa-Lobos regera, ali mesmo, naquele Teatro Municipal, de casaca impecável, mas com um pé em chinelo. Muita gente pensou que aquilo significava futurismo. Era apenas um calo arruinado.

(TE, 1944)

[O Modernismo] Foi uma ação necessária contra a Grécia de Bilac e contra as idealizações postiças de Coelho Neto e também contra a língua vernaculista e erudita de Rui Barbosa, que não era de modo algum aquela em que se exprimia, sentia e falava o nosso povo. Não quero dizer com isso que o Modernismo pleiteasse uma língua desconchavada e plebeia. Ao contrário, os principais livros paulistas dessa época foram experiências de estilo, de composição e de cultura linguística das mais altas que tivemos.

(EP, 1948)

A minha geração é acusada de leviana por não se ter apresentado de luto no primeiro centenário da nossa Independência. E ter tomado atitudes álacres quando derrogou todo um ciclo da literatura vigente.

(EP, 1949)

Em 1922 proclamamos como semáforos uma insurreição mental. No primeiro centenário da nossa independência, reclamávamos assim os direitos a uma cultura própria e a uma língua autônoma. E, coincidindo com a nossa ondulação, liquidava a esclerose política do país aquela mortífera passeata dos dezoito rapazes do Forte de Copacabana [...]

(EP, 1945)

O modernismo é um diagrama da alta do café, da quebra e da revolução brasileira.

(PL, 1944)

Entre nós, só o Modernismo faria mover a técnica da narrativa, dando-lhe o nervoso dos desenhos animados, as ondas líricas da inconsciência e as alturas da invenção intelectual.

(EP, 1941)

A vitória do Modernismo é indiscutível, como o triunfo do telefone, do avião, do automóvel.

(DD, 1925)

O movimento modernista, culminado no sarampão antropofágico, parecia indicar um fenômeno avançado. São Paulo possuía um poderoso parque industrial. Quem sabe se a alta do café não ia colocar a literatura nova-rica da semicolônia ao lado dos custosos surrealismos imperialistas?

Eis porém que o parque industrial de São Paulo era um parque de transformação. Com matéria-prima importada. Às vezes originária do próprio solo nosso. Macunaíma.

A valorização do café foi uma operação imperialista. A poesia Pau Brasil também. Isso tinha que ruir com as cornetas da crise. Como ruiu quase toda a literatura brasileira "de vanguarda", provinciana e suspeita, quando não extremamente esgotada e reacionária.

(SPG, 1933)

Machado de Assis e Euclides da Cunha caracterizaram o começo do século [...]. Coloco um e outro no pórtico de toda a literatura moderna nacional, pois deles partiram duas linhas mestras de nossas letras: o campo e a cidade, temas essenciais do Brasil. A pesquisa do espírito em Machado e a da terra em Euclides sugeriram filões e contribuíram para o "estouro" da Semana de Arte Moderna. Nossa revolução literária tem essa linhagem.

(DD, 1950)

Em 22, nós, da Semana, agimos como semáforos. Anunciamos o que se cumpriu depois, o que está se cumprindo a nossos olhos.

(PL, 1943)

Assim como o Gótico só se evidenciou no século XIII, o Modernismo, depois de lutas, experiências, fracassos, chega, nos dias de hoje, a um clima admirável, quando Cassiano Ricardo e Fernando Pessoa estão paralelamente situados, colocando o Brasil ao lado de Portugal numa posição de vanguarda. Esse processo de obtenção do valor se realiza através das experiências, isto é, para dar Cassiano atual, foi preciso, antes, Mário, eu, Menotti, Vinicius, Carlos Drummond e alguns outros.

(DD, 1950)

Nós, da Semana de 22, não produzimos grande safra. Temos diversas vergonhas no brasão, como essas honradas famílias da pequena burguesia que apanhando um vento de prosperidade vão se tornando moralistas, quando veem de repente as filhas irem parar na casa da Dadá. Isso aconteceu com o Guilherme de Almeida, o Ribeiro Couto, e tantos outros que a gente fica com vergonha de citar. Mas apesar dessas irremediáveis prostituições, o patrimônio material existe. Nós fizemos, paralelamente às gerações mais avançadas da Europa, todas as tarefas intelectuais que nos competiam.

(EP, 1935)

Esse lado socrático de sua obra [de Mário de Andrade] tem que ser visto no ambiente em que crescemos, ligados e desligados pela luta a uma porção de gente agradável ou hostil. Isso trazia em si uma carga de exagero emotival que utilizamos. Também entre nós, em nossas dissensões, pró ou contra. Eu mesmo sou réu de injustiças brutalíssimas e mais de uma vez por mau humor, indiscrição ou piada, pus em perigo uma sólida amizade. Como também elogiei e mimei em dedicatórias e artigos (cartas não escrevo) vastas cavalgaduras. É visível o exagero em toda a formação literária da Semana. Foi esse o seu clima, o clima de uma insurreição.

(TE, 1946)

Confesso [...] que a revolução modernista eu a fiz mais contra mim mesmo [....] Pois eu temia era escrever bonito demais. Temia fazer a carreira literária de Paulo Setúbal. Se eu não destroçasse todo o velho material linguístico que utilizava, amassasse-o de novo nas formas agrestes do modernismo, minha literatura aguava e eu ficava parecido com D'Annunzio ou com você [Léo Vaz]. Não quero depreciar nenhuma dessas altas expressões da mundial literatura. Mas sempre enfezei em ser eu mesmo. Mau mas eu.

(PL, 1943)

Nesse ano de 22 fizemos uma revolução em torno da madrugada poética que foi o "desvairismo". Em trinta anos de tiros, cargas de cavalaria, bofetões, conversões e desvios, consolidamos essa revolução e podemos apresentar, não decepada no prato de ouro a cabeça do "batista" Mário de Andrade, mas sim, a afirmação indiscutível de sua heroica memória. O Modernismo já saiu do terreno da pesquisa para dar frutos maduros e perfeitos.

(TE, 1952)

A Semana de Arte Moderna foi a coisa mais séria que já se fez nas Américas em matéria de arte e literatura.

(DD, 1954)

Lambe-lambe
(II)

Cecília Meireles

Nunca fui nem com a cara nem com a rima medida ou desmedida da sra. Cecília Meireles.

(DD, 1949)

A sra. Cecília Meireles é uma espécie de Morro de Santo Antônio, que atravanca o livre tráfego da poesia. Com sua celebridade madura, continua a fazer o mesmo verso arrumadinho, neutro e bem cantado, com fitinhas, ou melhor, com fitilhos e bordados. Sem dizer nada, sem transmitir nada. Mesmo sem sentir nada.

(TE, 1952)

Di Cavalcanti

Considero esse enorme brasileiro, talvez o maior pintor de sua época entre nós, mestre de Cândido Portinari e donde saiu a subpintura de Clóvis Graciano, a criatura mais estranha, contraditória e muitas vezes incômoda do mundo.

(TE, 1951)

Esse fabuloso Di que com certeza é a mais curiosa e mais forte figura intelectual e artística de sua época.

(TE, 1953)

Graça Aranha

Esse literato é um simples pedante que pretende elevar a sua confusão de ideias importadas à altura de um fenômeno brasileiro.

(DD, 1925)

[...] geralmente confuso e parlapatão, filho duma abominável formação filosofante do século XIX, mas grande homem nacional, pertencente à nossa Academia de Letras, e autor de um livro tabu, *Canaã*, que ninguém havia lido e todos admiravam.

(EP, 1954)

Guilherme de Almeida

Andava comigo pra cá pra lá, tresnoitado e escrofuloso, Guilherme de Almeida — quem diria? — a futura Marquesa de Santos do Pedro I navio!

(SPG, 1933)

[O pior poeta paulista é] Guilherme de Almeida.

(DD, 1951)

Manuel Bandeira

[...] grande poeta mas crítico fraco e pouco orientado.

(DD, 1940)

Bandeira é um chato. Fez seis poemas muito bons, depois montou em cima deles e vem cavalgando todo esse tempo.

(DD, 1953)

Mário de Andrade

A minha briga com Mário de Andrade foi uma feroz briga de namorados. Eu o ataquei, ele me omitiu. Na sua conferência do Itamarati, minha casa passou a ser o "salão da Tarsila".

(DD, 1947)

Mário foi um grande estímulo e, sob certo aspecto, gostei dele por narcisismo, pois a sua literatura vinha provar que as minhas tendências eram certas.

(DD, 1950)

Mário de Andrade galvanizou-nos. Era um sujeito gozado: careca, de óculos, carregando tocha e cantando em procissão. Foi assim que o conheci. [...] Era um grande sujeito. Encarnou a ideia, com aquela sua capacidade extraordinária de se apaixonar, de trabalhar, de pesquisar, de se dar inteiro a uma coisa.

(DD, 1954)

Mário de Andrade era um *show*. Sua alta estatura, sua mulatice risonha exprimindo-se numa dentadura faustosa, sua voz cálida e cantarolada, seu amor pela música e pelo folclore e sua cultura incipiente esplendendo no deserto letrado de Piratininga, tudo fazia com que em torno dele se congregassem amigos e medrassem devotações.

(EP, 1954)

Menotti del Picchia

Conheço demais o sr. Menotti del Picchia, digno de figurar em todas as Academias e em todos os museus.

(DD, 1940)

[Menotti del Picchia] tem sido vítima, por motivos que não são de ordem literária, de uma tenaz campanha de descrédito intelectual. [...] O que estraga Menotti são certas taras de aluno de padre que não o deixam desromantizar-se dum pavoroso colegialismo lírico. Mas nele, além do polemista, o observador de costumes nossos é dos mais fortes e ricos. Além disso, Menotti teve um grande papel de ação no Modernismo. [...] Sempre foi o mais ansioso em descobrir, o mais generoso em lançar, e o mais ágil na discussão, no panfleto e na luta. É verdade que seu amadorismo o fazia falar bem tanto de um estreante de valor como de qualquer quadrado antediluviano que o namorasse. Mas esse defeito não teria sido, com menor exagero, de todos nós?

(TE, 1946)

O Menotti era um pobre camponês perdido nesta cidade. Um caso curioso de alienação de consciência. Em plena efervescência de um movimento renovador a que se incorporara com entusiasmo, escrevia as coisas mais juliodantescas que já se escreveram neste país.

(DD, 1954)

Olivia Guedes Penteado

Ela soube nos aceitar na crueza da luta e nos impor a uma sociedade onde avultavam a sua posição, o seu nascimento e a sua mensagem civilizadora. De volta de Paris, onde nos conhecera, apresentou-nos numa festa aos botocudos locais. E teve a coragem de nos dar a sua solidariedade e o seu prestígio, ante a ignara risada geral que nos recebia. Hoje, até os burros velhos daquele tempo que quiseram nos marcar com a irascibilidade de sua mágoa, nos mandam a adesão de seus ornejos.

(TE, 1948)

Ronald de Carvalho

Ronald de Carvalho viajou muito, mas nunca passou daquelas coisas sentimentais e irônicas.

(DD, 1954)

Sérgio Milliet

[...] prefiro no sr. Sérgio Milliet a garoa de poesia de suas valsas e latejos à toda sua obra crítica e à sua atuação perrepista no campo das letras e das artes.

(TE, 1948)

Tarsila do Amaral

[...] Tarsila do Amaral fundou a grande pintura brasileira, pondo-nos ao lado da França e da Espanha de nossos dias. Ela está realizando a maior obra de artista que o Brasil deu depois do Aleijadinho.

(DD, 1925)

Se me perguntassem qual o filão original com que o Brasil contribui para este novo Renascimento que indica a renovação da própria vida, eu apontaria a arte de Tarsila. Ela criou a pintura Pau Brasil. Se nós, modernistas de 22, anunciamos uma poesia de exportação contra uma poesia de importação, ela foi quem ilustrou essa fase de apresentação de materiais, plasticizada por Di Cavalcanti, mestre de Portinari. Foi ela quem deu, afinal, as primeiras medidas de nosso sonho bárbaro na Antropofagia de suas telas da segunda fase, *A negra*, *Abaporu*, e no gigantismo com que hoje renova seu esplêndido apogeu.

(PL, 1943)

Tasso da Silveira

Não sei como os meninos da *Revista Branca*, com Saldanha Coelho à frente, foram ressuscitar um defunto do tamanho e do peso desse infeliz Tasso da Silveira, que não tem, aliás, outra pretensão senão a de ser o fantasma oficial de nosso passado Simbolismo. [...] Esse assustado espírito meteu algumas vezes a cara no Modernismo, mas saiu sempre sarapantado. De parceria com outro quadrúpede, um tal Murici [Andrade Muricy], puxou inutilmente a sina duma mediocridade tenaz.

(TE, 1952)

Victor Brecheret

Verificou-se depois a comercialização de Brecheret. Passou a imitar, a fazer perfumaria em vez de escultura e, sobretudo, a vender. Brecheret representou a revolução formal e mais nada.

(TE, 1944)

Gostava dele quando imitava Mestrovic e eu pensava que as obras eram dele mesmo.

(DD, 1951)

[...] Victor Brecheret, que deve sobretudo a mim a sua carreira e a sua ascensão, tornou-se, depois de milionário, o mais sórdido avarento da história do Brasil.

Sem deixar, no entanto, a sua ascensão de artista. O que significa que nada tem a ética com a inspiração e a maestria da fortuna.

(EP, 1954)

Um BANDEIRANTE
DO ESPÍRITO

Como poucos, eu conheci as lutas e as tempestades. Como poucos, eu amei a palavra Liberdade e por ela briguei.

(HSP, 1953)

O novo mundo produziu o homem serafiniano cujo eixo é a riqueza mal-adquirida. [...] No mundo atual, Serafim traz duas razões: o bom câmbio e a ignorância audaz. Bisneto do conquistador, avesso do bandeirante, é o filho pródigo que intervém na casa paterna porque viu o mundo, travou más relações e sabe coisas esquisitas.

(SPG, 1926)

No fundo das recordações de cada um de nós, jaz uma mamãe aflita com os perigos desse abismal mundo moderno que vai roendo o ciclo vencido.

(DD, 1929)

[...] o dólar substituiu de há muito, nas nossas noites de insônia e saudade, o Cruzeiro do Sul.

(FS, 1943)

O humanismo é sempre uma cultura da liberdade que traz no bojo o individualismo econômico.

(UA, 1944)

Atacar com saúde os crepúsculos de uma classe dominante não é de modo algum ser pouco sério. O sarcasmo, a cólera e até o distúrbio são necessidades de ação e dignas operações de limpeza, principalmente nas eras de caos, quando a vasa sobe, a subliteratura trona e os poderes infernais se apossam do mundo em clamor.

(UA, 1944)

Contra os alicerces de cimento armado de uma sociedade alarve e cínica, é preciso pontear a terra de conventos civis, de novas academias e de museus. Só a concentração da cultura salvará o mundo da civilização da rapina, do pif-paf e do pileque.

(TE, 1948)

Não é com estacas de retórica que se detém a erosão de uma sociedade em pânico.

(TE, 1948)

A humanidade é assim. Tem sempre um grupo de manifestantes neutros de opinião, mas ruidoso de expressão.

(TE, 1950)

Desde cedo me entrou pelos olhos a incapacidade da transformação do homem pelo cristianismo ou de sua ação regeneradora. O número de rezadores pecaminosos e de padres sujos era demasiado para poder iludir mesmo minha desprevenida adolescência.

(HSP, 1953)

É visível que o Estado moderno, lentamente embora, está voltando às fontes do primitivismo. Em qualquer regime, de qualquer escola política moderna, pode-se notar essa tendência palpável. Taxas e tributos pesadíssimos, impostos vários vão onerando cada vez mais o direito de propriedade, por exemplo. A transmissão e mesmo a posse simples encontram os maiores embaraços pela frente. Note-se que o direito de propriedade é um dos que ferem frontalmente o primitivismo, sendo seu progressivo desaparecimento, como tal, uma simples questão de tempo. O matriarcado, outra das grandes características primitivistas, está voltando, e com irresistível força: a atual tendência é a de considerar a criança sob responsabilidade e, "por que não?", paternidade da sociedade. Tentar deter esse inevitável retorno às fontes naturais é mais pura perda de tempo. É burrice, no duro.

(DD, 1953)

Na ONDA
VERMELHA

Dos dois manifestos que anunciavam as transformações do mundo, eu conheci em Paris o menos importante, o do futurista Marinetti. Carlos Marx me escapara completamente.

(HSP, 1953)

[Os erros de Marx] são quatro [...]
    1º) O que interessa ao homem não é a produção e sim o consumo.
    2º) O "homem histórico" é uma criação artificial que não pode presidir a nenhuma pesquisa séria de ordem psicológica. O determinismo histórico é a anedota do determinismo biológico. Muitas vezes mal contada.
    3º) O que faz do comunismo, como de qualquer movimento coletivo, uma coisa importante é ainda e sempre a aventura pessoal.
    4º) A ideia de um progresso humano indefinido (adotado por mais um intérprete de Marx) traria finalmente o quadro proposto pela Idade Média. No começo o pecado original. No fim o céu.

(DD, 1929)

[...] Freud é apenas o outro lado do catolicismo. Como Marx é o outro lado do capitalismo. Como os comunistas são os novos burgueses da época transitória.

(DD, 1929)

A situação "revolucionária" desta bosta mental sul-americana apresentava-se assim: o contrário do burguês não era o proletário — era o boêmio!

(SPG, 1933)

É preciso utilizar o marxismo criador e não o dogmático. O marxismo não é uma coleção de dogmas, é ciência viva.

(DD, 1945)

Nossa infância fora sequestrada pelo materialismo católico, cheio de obrigações, recalques e martírios. E às novenas, às procissões, e a toda fantasmagoria cristã, nossa adolescência substituiu outro materialismo, também teológico, de origem também semita, católico também porque universal — o marxismo. Caímos na imaginária das greves, da propaganda e dos comícios. Estávamos maduros para a boa luta que Prestes estragou, sob a proteção do nada puro.

(TE, 1946)

Enquanto houver gente com fome e gente com indigestão de fartura, haverá seduções legítimas para os que ingressam na mística vermelha. O diabo é que esta está sendo explorada por sinistros e possantes tiranos, como sempre.

(TE, 1948)

Eu fiquei marxista [...]. Abri alas para os búfalos do Nordeste passarem com bandeirinhas vermelhas nos chifres.

(DD, 1950)

Tudo nos vem assim da URSS, crismado de sectarismo, rotulado e imposto, acadêmico e formalista, enfim, borrado de ocre sanguinário e de estupidez militante.

(EP, 1950)

No Brasil, mesmo dentro do Partido Comunista, no tempo em que eu lá me encontrava, dizia-se que a carreira de militante era a seguinte: entrava na Juventude Comunista, galgava os quadros partidários, ia mofar no Socorro Vermelho para ser inevitavelmente expulso. Era Juventude, Partido, Socorro e Expulsão.

(EP, 1950)

Lambe-lambe
(III)

Alceu Amoroso Lima
(Tristão de Athayde)

Cachorro policial premiado em diversas exposições de doutrina.

(DB, década de 1930)

Evidentemente, o sr. Tristão de Athayde está se revelando um estrategista de grandes retiradas. Uma espécie de Von Rommel do Centro Dom Vital.

(TE, 1944)

[...] é a figura mais nefasta da nossa literatura.

(TE, 1948)

Estou hoje convencido que o mal maior do sr. Alceu Amoroso Lima é o oportunismo. As suas guinadas à esquerda e à direita refletem em geral um momento vitorioso.

(DD, 1948)

Sou um seu velho amigo e nossas divergências ideológicas nunca alteraram esse bom fundo de amizade.

(TE, 1954)

Cassiano Ricardo

[...] as suas canções nativas são como esses bonecos de cerâmica que representam Pai João e Peri, Anhanguera e D. Pedro II, mas que vêm da Alemanha, fabricados em série. Porque a sua literatura, rotulada de nativismo, não passa de macumba para turistas. [...] Se sua prosa literária é melhor que a sua poesia, não sente ela nenhuma vocação para os roteiros da liberdade e para os caminhos do futuro. E por isso, dela restará apenas um estilo duro, robusto e pedregoso a serviço dum oportunismo mole e adulão.

(TE, 1944)

[...] nós que tínhamos dele [Cassiano Ricardo] a medida do cidadão exterior, cumpliciado de "deveres e obediência civil", vemos com angústia e alegria que se quebraram os seus ângulos oficiais e se rasgaram seus galões acadêmicos. Do fardão que era um sudário, brotou um homem em carne viva, um homem onde medraram o anjo e a criança. Um homem inesperado e clamoroso. [...] Se nesse volume admirável [*Um dia depois do outro*] restam ainda os brilhos e vidrilhos do antigo panteísmo nacionalista que lembram os seus versos passados, por eles tão comprometidos, em suas páginas passa a confissão de uma intimidade lírica poucas vezes alcançada com tamanha sufocação e dando tão novo resultado musical e plástico.

(TE, 1947)

A equipe do presidente Vargas possui alguns homens de valor. Entre eles, coloca-se Cassiano Ricardo, que considero, na fase atual de sua produção, o maior poeta vivo do Brasil. [...] além da vantagem de suas excelsas qualidades intelectuais, ele possui um vasto tirocínio administrativo e burocrático.

(TE, 1952)

A poesia está se renovando. Ainda não é uma realização total. Dos poetas novos para mim Ferreira Gullar é dos bons. A poesia de Murilo Mendes tem muito de alucinação no bom sentido poético. Mas ainda o maior poeta do Brasil é um velho de 22: Cassiano Ricardo. É grande!

(DD, 1954)

Caio Prado Júnior

O sr. Caio Prado Júnior, que na intimidade chamam de Caíto, tendo deixado o terreno da Sociologia e da História, investiu contra a Filosofia. Raivoso de não ter conseguido naqueles setores mais do que uma primária aplicação dos princípios básicos de Carlos Marx à nossa existência cronológica, entendeu que era mais fácil enveredar pelo terreno pouco acessível da Epistemologia.

(TE, 1952)

Caíto [...] publicou agora dois grossos volumes intitulados *Dialética do conhecimento*, onde cita todos os antigos generais da Matemática como também os modernos pilotos da Logística, numa confusão que em vez de impressionar, dá dó.

Fica-se admirado de ver como uma obra tão alta, tão sutil, tão cara e sobretudo tão besta, conseguiu ser editada no Brasil. Mas tudo se explica. Caíto é o editor de si mesmo.

(TE, 1952)

O seu livro *Dialética do conhecimento* é uma salada russa, em que acaba chamando de dogmáticos aos filósofos da incerteza, que são os mestres da logística e da matemática moderna, enquanto aos carrascos do "crê ou morre" que tronam em todos os Kremlins honra como mestres da dialética.

(TE, 1952)

Getúlio Vargas

O povo não lê hoje porque o sr. Getúlio Vargas deu leis sociais, mas fechou escolas.

(TE, 1946)

[...] o bonzo Vargas sentado sobre o corpo adolescente da nação, com a sua insensibilidade, o seu egoísmo ignaro e a sua pavorosa burrice [...]. O que ele queria era permanecer, custasse o que custasse.

E para ficar, só mesmo num clima de corrupção e de favoritismo. O mandarinato era o seu forte. Bastava a gente olhar num hotel ou na rua a figura do Ministro da Fazenda para ter o retrato enxundioso e bronco do Estado Novo.

(TE, 1946)

A ditadura [Vargas] fez tudo subterrâneo menos o que devia fazer — o transporte.

(TE, 1946)

Sou getulista confesso, desde 1947, depois que li uma mensagem de Natal do Getúlio.

(DD, 1953)

[...] procurou renovar as bases políticas do Brasil sem uma boa base ideológica. Foi um oportunista incorrigível. [...] Não teve suficiência ideológica para fazer um movimento político. Mas foi uma grande figura, capaz de empolgar as massas.

(DD, 1954)

Jânio Quadros

[...] o sr. Jânio Quadros é um homem probo e bem-intencionado. Se no empurrão das manifestações estouvadas, com que os seus fãs eleitorais o cercam, não partirem as suas frágeis costelas, o sr. Jânio Quadros tem no bolso a chave do Palácio dos Campos

Elísios e quem sabe se no futuro, a do Catete? Quem viver verá.

(TE, 1953)

Jorge Amado

Considero Jorge Amado há muito tempo um mestre inconfundível na literatura brasileira, um sucessor legítimo de Castro Alves.

(DD, 1943)

E dessa criança que tinha escrito um livro — o *País do carnaval* — brotou uma tão tenaz e efusiva assistência a tudo que eu fazia, que agradeci ao destino dirigido (dirigido sobretudo pela economia) a ingratidão de seleta dos meus antigos comensais. Ia reiniciar minha existência literária ao lado de alguém que representava realmente uma geração. E esse alguém se chamava Jorge Amado.

(PL, 1943)

Toda vez que Jorge Amado chega a São Paulo é um alvoroço. Se há alguém que na literatura nacional obteve a cidadania bandeirante, foi esse menino de dez anos atrás, quando aqui apareceu com um pequeno grande livro que se chamava *Suor*.

(TE, 1944)

[...] Castro Alves é um caso paulista. Seu nome está inscrito nas paredes da velha Faculdade de Direito. [...] E quando surgiu na Bahia um sucessor do seu gênio, com sua mesma paixão, seu mesmo idealismo e a mesma riqueza e força, quero me referir a Jorge Amado, este também soube criar raízes em São Paulo e aqui deixar a marca da sua passagem amiga.

(TE, 1944)

Jorge Amado não mora em São Paulo e nesta cidade apenas montou uma *boîte* para fazer as suas insistentes rasputinadas. É um intrigante que se viu de repente guinado a candidato por São Paulo, honra que logo aceitou, com seu habitual cinismo.

(DD, 1945)

[...] em 1940 Jorge convidou-me no Rio para almoçar na Brahma com um alemão altamente situado na embaixada e na agência Transocean, para que esse alemão me oferecesse escrever um livro em defesa da Alemanha. Jorge depois me informou que esse livro iria render-me trinta contos. Recusei, e Jorge ficou surpreendido, pois aceitara várias encomendas desse gênero do mesmo alemão.

(DD, 1945)

[Luís Carlos Prestes] Tome a decisão de, neste momento ir só, desvencilhando-se tanto da soprano vermelha que é o jornalista Pedro Mota Lima como desse que o público já chamou para todo o sempre, de Jorge Gamado pois suas ligações com o nazismo foram muito além da letra e do espírito do pacto germano-soviético e mais de um saque realizaram aqui, à luz do *Meio-Dia*.

(TE, 1946)

A afirmação de que eu pudera algum dia ter sido plenipotenciário do Partido Comunista é monumental. Todo mundo conhece a posição dos intelectuais honestos dentro da couraça obreirista dos vermelhos e vermelhinhos, onde só faz efeito um salafra do porte do sr. Jorge Amado.

(TE, 1949)

Jorge Amado é um grande lírico, mas está em via de perecer por inação, falta de vitamina cultural. Aliás, foi minha maior esperança, na literatura. [...] Mas está se perdendo num sectarismo improdutivo.

(DD, 1950)

[...] eu denunciei que no começo da guerra ele [Jorge Amado] tentara me fazer subornar por um nazista ofcrecendo-me trinta contos a troco de um livro de impressões de viagem à Europa, favoráveis à Alemanha. [...] Daí para cá, o mal moral progrediu. Da traição e da subserviência, Jorge passou ao badalo e à morte intelectual pela mediocridade. Não há dúvida que merece o Prêmio Stálin.

(TE, 1952)

Luís Carlos Prestes

[...] durante o nosso primeiro encontro, vi que aquele capitão do exército era um intelectual, cheio não só de cultura política mas de cultura geral.

(DD, 1945)

[...] homem que tudo sofreu e a quem tanto se difamou e se insultou, por amar demasiadamente o Brasil. Ele é hoje, mais do que nunca, o Cavaleiro da Esperança.

(DD, 1945)

Em vez de compreender [...] que o eixo da revolução se achava na burguesia progressista e não no proletariado amortecido pelas leis sociais, Luís Carlos Prestes entendeu, ao contrário, apoiar o seu algoz da véspera [Getúlio Vargas] e amortecer o movimento libertador do Brasil.

(DD, 1945)

[...] Prestes está na fase do capitalismo heroico. Cai, por isso, em contradição mortal: quer abraçar o capitalismo e se agarra a um sectarismo obreirista incompatível com essa orientação.

(DD, 1945)

[...] envolvido pela canalha [...] Prestes dividiu, jogou fora o seu prestígio e entregou-se a um critério antidemocrático. Criou, assim, uma espécie de fascismo de esquerda... [...] Prestes está com um Hamlet vermelho hesitante, intranquilo e incapaz de acertar os seus caminhos. Desacreditou-se pelos seus erros sucessivos num curto espaço de tempo. [...] Dir-se-ia que esse Romeu Vermelho traiu a Julieta agrária para acabar nos braços da gueixa de Petrópolis [Getúlio Vargas]. Tudo isto é traição ao proletariado.

(DD, 1945)

Otávio de Faria

[...] o homem que rói as unhas do cérebro de medo da revolução social.

(EP, 1937)

Plínio Salgado

[...] a "quinta-coluna" do Modernismo [...]. Vestiu-se de verde-amarelo e plagiou todas as nossas conquistas técnicas. O seu fim era um só — a Gestapo sob o Cruzeiro do Sul.

(DD, 1942)

[...] o Hitler de Sapucaí [...] político covarde e o mau literato que é o sr. Plínio Salgado encerrou o seu *speech* de Lisboa, no qual sucessivamente se encarnou de cristão e se vestiu de integralista, num dos seus renovados avatares de fundo falso, onde apenas até hoje se petrificou o ódio à liberdade, o desprezo pela democracia.

(TE, 1946)

[...] depois de beatamente falar em "recolhimento e meditação" e exibir uma licorosa e inútil *Vida de Cristo* com que pretendeu passaporte para o evangelho, na hora em que se anunciava a expiação de Nuremberg, volta ele ao Brasil constitucional e justiceiro, a fim de novamente acender o facho da loucura irracionalista que sempre o animou a ele e aos seus bandos rasputinianos e sorelescos. A sua "espiritualidade" traz as mãos sangrentas dos carrascos da Gestapo e o pedaço de corda com que amarraram Matteotti para matar.

(TE, 1946)

O PAPEL (*e a* CANETA) **DO ESCRITOR**

Só o escritor interessado pode interessar.

(DD, 1944)

Estou convencido de que deve ser essa a atitude de quem escreve: reagir, disputar o seu lugar ao sol e atacar sem hesitações a inveja que assedia todo o êxito legítimo.

(FS, 1943)

O destino de uma literatura está preso aos seus grandes homens. Eles constituem, sem dúvida, o reflexo de um corte social e econômico, mas sem a força expressional de sua personalidade, outros podiam ser os caminhos abertos para o futuro. [...] A presença de um grande escritor impossibilita a inflação dos valores medíocres e põe sempre no julgamento crítico um ponto alto de referência e de destino.

(FS, 1944)

Não basta o artista ser um homem desarmado ante a ferocidade comum dos seus contemporâneos, pois é de sua fé, da sua íntima honestidade, que jorra a criação, pois a criação é condicionada por isso que justamente falta aos malandros habituais — uma serena comunhão ética com os destinos da humanidade, que não são maus, que não podem ser maus.

(FS, 1943)

Romain Rolland ensinou a nós todos que escrevemos, este primeiro dever: saber o que queremos, onde estamos, para onde vamos e como devemos agir. Coisas que evidentemente o literato de café prefere ignorar.

(TE, 1944)

Nada mais odioso do que a tese na obra de arte.

Mas se a literatura dirigida, a literatura de tese, anuncia o apodrecimento do espírito de um povo, de uma classe, de um sistema ou de um grupo social, não se infere daí que o escritor tenha de se abster ou de não participar das lutas de seu tempo. [...] Por não ser dirigida a literatura não deixa de ser interessada no mais alto grau. Atitude inútil [...] mas necessária.

(TE, 1946)

O intelectual é, de todos os trabalhadores, o mais desamparado. É trabalhador, apesar de muita gente não acreditar nisso; trabalho não é só bater martelo ou cavucar terra. Pensar, estudar e escrever é trabalho também. E é desamparado, porque, não tendo mercado para seu produto, não tem, também, o salário.

(DD, 1949)

O escritor no Brasil é um pobre-diabo, pois não há ainda um clima propício que o receba. As dificuldades são tremendas: ou ele tem de se vender, se isolar ou sorrir... Infelizmente, pelo menos aqui no Brasil, o escritor tem que ser um cidadão como outro qualquer, isto é, para viver vê-se obrigado a se atirar ao comércio ou à política, indo trabalhar como corretor de imóveis, investigador ou numa bomba de gasolina...

(DD, 1950)

O escritor que não desce à rua, que não briga com o condutor do bonde por causa do troco, não joga no bicho, não torce no futebol, é um pobre-diabo, que antes merece nossa comiseração, que crítica.

(DD, 1950)

A vida e a obra de um escritor são a mesma coisa. Principalmente quando ele é sincero. Quando nada esconde.

(DD, 1954)

Isso de se fazer de um escritor um intocável porque faleceu é besteira sentimental dos piores efeitos. A morte só destrói os medíocres e sobre eles é natural que se olhe e passe.

(TE, 1946)

[A literatura brasileira] É o ponto alto do homem brasileiro. Temos uma literatura a par, há quatro séculos. Gregório de Matos, no século XVII, Gonzaga, no século XVIII, Castro Alves, no século XIX, no século XX, nós.

(DD, 1951)

Geração, gerações

Cortei relações com os artistas degenerados de minha terra.

(DD, 1925)

Os retardatários — você com certeza, leitor — pensam que têm gosto porque aprenderam umas coisinhas. São os mantenedores do gosto. O que sai das coisinhas é de mau gosto. Mas nós endossamos o mau gosto e recuperamos para a época o que os retardatários não tinham compreendido e difamavam.

(SPG, 1926)

Quero apontar aqui, como um perigo e uma deflexão, a gulodice de que se tomam alguns desmamados de Eça quando encontram a chupeta realista do José Lins do Rego. Passam assim do Eça português ao Eça nordestino, sem saber que entre eles existe, até em Portugal, o sr. Aquilino Ribeiro. Que entre eles existe o drama humano que vai de Proust e de Joyce a Gide e Aragon.

(EP, 1935)

Todo mundo sabe que eu sou contra a "literatura de tração animal", pois creio que à época veloz de hoje não podem mais corresponder as formas de expressão lentas e monótonas de criação literária passada.

(TE, 1947)

O que houve no Brasil foi uma invasão de bárbaros pelas ameias passadistas que nós de 22 derrubamos. Os bárbaros eram justamente os nordestinos que não podiam falar como nós de São Paulo, senhores de uma mentalidade industrial e de uma língua progressista que não ia com o resto do país em estado agrário e mal-acordado.

(TE, 1948)

[...] o Manifesto da Antropofagia, que procurava as origens profundas da nossa literatura, [foi] boicotado e interceptado devido à literatura linear e primária dos nordestinos. Os interesses editoriais fizeram do sr. José Lins do Rego o mais conhecido dos escritores modernos. Daí vieram os outros nordestinos, brandindo os mesmos temas primários. Isso causou um atraso de mais de vinte anos na literatura brasileira.

(DD, 1954)

Estou profundamente abatido, desiludido, porque meu chamado não teve resposta. O movimento de 1922 que iniciamos tão bem com Mário de Andrade sofreu um retrocesso com a literatura linear e primária do Nordeste. Evidentemente, o Brasil letrado (pouco letrado) estava muito mais preparado para receber o romance de cordel dos srs. José Lins do Rego e Graciliano Ramos do que as altas cogitações estéticas da Semana de Arte Moderna de 22.

(DD, 1954)

O sr. Antonio Candido e com ele muita gente simples confunde "sério" com "cacete". Basta propedeuticamente chatear, alinhar coisas que ninguém suporta, utilizar uma terminologia de in-fólio, para nesta terra, onde o bacharel de Cananeia é um símbolo fecundo, abrir-se em torno do novo Sumé a bocarra primitiva do homem da caverna e o caminho florido das posições.

(PL, 1943)

Diferencia-se [...] nitidamente a geração de hoje da anterior. Ela traz novas aquisições que a outra desconhecia. A outra mergulhava a sua etiologia na ignorância. Esta ajusta o seu *pedigree* na Universidade, em sua silenciosa atuação, em seu severo sentido europeu. Faz questão de saber de onde vem e porque vem. Mas evidentemente não sabe para onde vai. [...] Outras conquistas, no entanto, nós tínhamos e essas, não faria mal que se juntassem, às vezes, ao rico e minucioso cabedal com que os de hoje querem construir um Brasil sábio. Tínhamos a violência. Tínhamos a ironia e tínhamos a adivinhação.

(FS, 1943)

Há quem diga como o grande crítico Antonio Candido, que ainda se podem fazer incursões pela poesia de forma fixa. Eu sou contra. Como não sei fazer nada medido, seja verso, amor ou negócio, coloco-me ao lado de Fernando Pessoa, contra Camões.

(TE, 1952)

Na literatura a uma geração consciente e renovadora, sucedeu uma geração de modestos picaretas e bisonhos piratas, que conta como obra a conquista dos suplementos dos jornais.

(TE, 1951)

O sabido gagá da crítica hebdromedária Djalma Viana [pseudônimo de Adonias Filho], floriu em adulagem. Evidentemente não é cômodo atacar jovencitos truculentos, mal-educados e geralmente geniais. Além do que, estando-se em junho não fica de estranhar essa festa joanina de luzentes pistolões, estrelinhas fagueiras, chuveiros de prata, com alguns traques de permeio, em benefício duma geração caquética, tirada a ferros das entranhas do Modernismo. Trata-se logo dum "triunfo esmagador", o que é justíssimo, pois ela sem fazer nada já conquistou os sensacionais suplementos e isso é que é bom! [...] Trata-se [...] de uma súcia de patriarcas do soneto, de párocos do inefável, sisudos e autopersuadidos de que estão fazendo "a verdadeira revolução", não a que se processa no amargo âmago das ruas, das oficinas e dos conclaves sociais, mas aquele que se fecunda à sombra espichada da propina e do abraço, entre redação, cafezinho e noturnas manipulações de sonho solteiro.

(TE, 1949)

Numa era sincopada e arrítmica, como a nossa, esse nome [revista *Ritmo*] só podia brotar em gente que atola no creme de ilusões de antigos compassos. Ou no calor idealista de uma torcida que já quer ver cadência onde só há elementos de sobressalto e de luta.

(EP, 1935)

Como o mar da poesia anda cheio de jangadas esperançosas, é útil anunciar que surgiu um cetáceo a estibordo da literatura bandeirante. Trata-se nada menos da *Revista Brasileira de Poesia* (não fosse a censura, ia sair do meu lápis Revista Brasileira de Filatelia).

(TE, 1948)

O primeiro Congresso Paulista de Poesia foi o contrário da batalha do Ernani. Os velhos venceram os moços porque os moços eram mais velhos do que os velhos.

(TE, 1948)

É sabido que tudo que é *neo* não presta. *Neo* é um prefixo que compromete e elimina qualquer propósito de criação. E poesia só é poesia quando é criação. Esquecem esses rapazes o triste destino de todos os *neos* da história do pensamento: *neoplatonismo, neokantismo, neotomismo*.

(TE, 1948)

[Sobre a geração de 1945] Nesse ano eu estava muito ocupado com o fim da guerra e não vi.

(DD, 1951)

Não [nego o concretismo]. Mas entre esses jovens não vejo senão muita incerteza. O movimento concretista no Brasil é apenas uma variante do verdadeiro Modernismo. Importando o concretismo, os seus adeptos não tiveram a força que o Modernismo teve em 22.

(DD, 1954)

[...] depois de uma fase brilhante em que realizei os "salões" do modernismo e mantive contato com a Paris de Cocteau e de Picasso, quando num dia só de debacle do café, em 29, perdi tudo — os que se sentavam à minha mesa iniciaram uma tenaz campanha de desmoralização contra meus dias. [...] Criou-se então a fábula de que eu só fazia piada e irreverência, e uma cortina de silêncio tentou encobrir a ação pioneira que dera o *Pau Brasil* [...]. Foi propositadamente esquecida a prosa renovada de 22, para a qual eu contribuí com a experiência das *Memórias sentimentais de João Miramar*. Tudo em torno de mim foi hostilidade calculada. Aquilo que minha boa-fé pudera esperar dos frios senhores do comércio, veio nos punhais de prata com que falavam os poetas, os críticos e os artistas.

(PL, 1943)

Lambe-lambe
(IV)

Álvaro Lins

Álvaro Lins não possui a mentalidade do crítico modesto. Traz nos nervos de sua prosa e na autoridade de sua cultura, também a cólera do panfletário. E nada mais útil a quem escreve do que encontrar pela frente, mesmo excessiva e emocional, a verve e a análise de um grande opositor.

(TE, 1946)

Gilberto Freyre

Quando eu era comunista de varal, fiz todas as restrições canônicas ao livro de Gilberto. Achei-o hesitante, não concludente, semivisionário, semirreacionário e classifiquei-o de joia da sociologia afetiva. Minha experiência pessoal me conduziu agora a crer, com o admirável Camus, que nada há de mais odioso que o pensamento satisfeito e a obra que prova. [...] *Casa-grande e senzala* retoma com a sua nobreza de pesquisa e nova autoridade, o ponto morto em que haviam ficado os deslumbramentos dos primeiros cronistas diante da terra natural, afastando-se da ingenuidade dos relatórios rondônicos [...] Em todos os sentidos é um grande livro. É um livro que marca a nacionalidade, um livro totêmico e raro.

(TE, 1946)

Graciliano Ramos

Do major Graça, a obra-prima que é o *São Bernardo* vale sozinha e muito mais que todo o amontoado de besteiras do Zé Lins, e outros que produzem em massa, com um olho na posteridade...

(DD, 1953)

Gustavo Barroso

A maturidade pode vir aos nove anos como em Mozart ou aos oitenta como em Goethe. Rimbaud e Lautréamont escreveram coisas geniais na adolescência, enquanto com quase setenta anos o dr. Gustavo Barroso continua a escrever bobagens.

(DD, 1949)

Gustavo Corção

Gustavo Corção é um inquebrável — faca de dois gumes. E isso muito se liga às virtudes intelectuais que o fazem sem dúvida, o nosso maior romancista vivo.

Nas *Lições de abismo*, como também na *Descoberta do outro*, não vejo concessões.

O que vejo é uma extraordinária e lúcida natureza de criador, ou melhor, de restituidor, pois que, arte é restituição. Depois de Machado de Assis, aparece agora um mestre no romance brasileiro.

(TE, 1952)

Sou ideologicamente adversário de Corção. Ele é católico. Mas seu romance [*Lições de abismo*] é magnífico.

(DD, 1953)

[...] Corção vem confirmar o que já disse — temos romances mas não temos romancistas. Homens que escrevem maravilhas são muitas vezes no convívio verdadeiros desalmados intelectuais. Geralmente inconscientes e mesmo incultos.

(TE, 1953)

Jorge de Lima

[...] Jorge de Lima não é poeta coisa nenhuma, ou melhor, será um grande bissexto do tipo de Nava [Pedro Nava] e Prudentinho [Prudente de Moraes Neto] [...] O que digo, afirmo e grito é que Jorge de Lima é um grande prosador, uma espécie de Aquilino [Ribeiro] do Nordeste que soube magistralmente continuar as pesquisas de 22, junto com Guimarães Rosa e Clarice Lispector.

(TE, 1952)

O que nos preocupa no entanto, neste jocoso caso [lançamento da candidatura de Jorge de Lima ao Prêmio Nobel de Literatura], é que, se for tomada em consideração a candidatura do autor de *Calunga* e de *Nega Fulô*, mesmo derrotado, ele nunca mais deixará em paz os homens de Estocolmo. Com aquela sua amabilidade de postulante, ele estará todos os anos na soleira do conclave. Que se alertem os homens de Estocolmo para evitar a chateação melíflua de que são vítimas aqui os membros da Academia Brasileira de Letras.

(TE, 1952)

José Lins do Rego

O José Lins acertou o passo, bafejando pela chance da "narrativa direta" que nossos dias exigem. Como abandonamos as proezas espíritas da sensibilidade ultraburguesa pela literatura político-socializante, querem oferecê-lo como manequim da nova era. O diabo é o chapéu de coco naturalista que ele não tira, para não se constipar ao grande ar das correntes estéticas legítimas em que se vai desdobrar a revolução. [...] Não lhe nego um sólido fôlego de contador, admiro a honestidade da sua documentação e saúdo a direção ideológica que enfim, no último livro [*O moleque Ricardo*], lhe dá um particular destaque. Mas me recuso a ver nele mais que um cicerone que a massa retardada entende.

(EP, 1935)

A literatura de tração animal prolonga-se entre nós. É verdade que se prolonga também entre os povos mais cultos. Que é *A montanha mágica* senão uma esplêndida caleche? Toda a obra de José Lins do Rego é uma carrocinha de padeiro.

(EP, 1941)

[...] desde que teve bigode, você foi o maior ancião de nossas letras e o cacete mais tenebroso do Nordeste de livraria. Você, quando escreve artigos, vira até velha, tal a insuportabilidade dos seus cacoetes vulgares, dos seus domésticos pontos de vista e dos seus rancorosos e insolúveis transes de idade crítica.

(PL, 1943)

Você faz do futebol uma cantárida emocional para essa prematura velhice que cobre de teias de aranha a casa caída do seu talento de romancista. [...] Perfeito de funções, você, no entanto, nasceu velho de cabeça e ficou campônio de destino, só conseguindo juvenilizar-se através de excitantes urbanos como foi, na sua primeira fase, o Integralismo e como é na atual, o futebol. A admiração que você, açodadamente vestindo a camisa-verde, descarregava sobre Plínio Salgado é a mesma que o faz urrar de braços erguidos na avenida Rio Branco, diante de um feito espetacular do Flamengo. O que interessa sua alma tosca e primária é o espetáculo, o movimento e o aleguai, nunca o sentido e a essência.

(PL, 1943)

Nas letras, também está você definitivamente colocado. A posteridade já o julgou. Não há prefácio, concurso de Miss Literatura ou banquete que possa reacender o fogo morto de sua obra de ficção. Você é o Coronel Lula do romance nacional.

(PL, 1943)

Não guardo nenhum rancor do escritor de *Banguê*. Sei que no fundo ele é um bom rapaz, que nada tem de canibalesco como indicam — a quem não o conhece — a cara, o grito, o prazer pelo futebol.

(PL, 1943)

Amigos ursos do sr. José Lins do Rego vão plantar-lhe a espinhenta e mal-encarada efígie, como um cacto, numa praça seca da Paraíba. Vai ser colapso na certa, no dia da inauguração, diante de prefeito, padre, banda de música e foguetório. [...] Muitos anos atrás eu disse que não tinha adiantado nada Coelho Neto ter morrido, pois o sr. José Lins do Rego continuava vivo e sadio. Agora vai ficar vivo, sadio e com estátua. Por sinal ele declarou ao escultor Bruno Giorgi que queria a estátua pintada de verde. Para lembrar os seus indiscutíveis direitos ao fardão da Academia, dizem uns. Outros insinuam que se trata de uma velha saudade política, dos tempos em que (antes de, numa honrosa evolução, admirar o futeboler preto, Domingos da Guia) tinha como chefe e mestre o sr. Plínio Salgado.

(TE, 1952)

[...] toda vez que o romancista do Nordeste [José Lins do Rego] bole comigo seu azar cresce. Sua prosa raquítica gagueja, tropeça e rebenta as pobres pernas de esqueleto de açude, na inócua porfia de querer me molestar.

(TE, 1952)

[*Cangaceiros*] É um grande romance, um livro excelente. Não pensei que Zé Lins escrevesse mais um livro assim. Escreveu e me deixou reconciliado. Zé Lins era intolerável. Era coelhonetal.

(DD, 1954)

Manuel de Oliveira Paiva

Assim se enriquece a nossa literatura, colocando uma pequena obra-prima [*Dona Guidinha do Poço*] entre a linha piegas que vem de Alencar a Jorge Amado e a linha documental que acabaria no intolerável sr. José Lins do Rego. Manoel de Paiva parece ter tido maior número de ideias próprias na cabeça que os atuais chefes de fila da literatura cabeça-chata.

(TE, 1952)

Nelson Rodrigues

Não assisti *Vestido de noiva*, de Nelson Rodrigues, a revelação da temporada. Mas conheci-o pessoalmente e quando vejo um modernista preocupado com

Shakespeare sinto nele pelo menos um trabalhador que enxerga o seu caminho.

(TE, 1944)

Não serei eu quem vá querer moralizar seja o teatro, seja o sr. Nelson Rodrigues. Atingi bastante displicência na minha longa carreira ante aberrações de qualquer natureza. Sou apenas inimigo da completa parvoíce literária do autor de *Álbum de família*. Não há uma frase que se salve em todo o cansativo texto de seus dramalhões.

(TE, 1949)

As ferraduras mentais do sr. Nelson Rodrigues trotaram longamente pelo "asfalto é nosso" de uma revista [...]. Nunca em minha vida li um documento de insânia tão descosido, intempestivo e bravio. Não há lógica de louco que consiga acompanhar esse disco voador da besteira pelos corcovos, carambolas e girândolas em que se desagrega e pulveriza.

(TE, 1952)

Otto Maria Carpeaux

Tinha sido secretário de Dollfuss [ditador da Áustria na década de 1930, de filiação fascista]. Imagino a tragédia deste civilizado que vinha de Viena, e portanto, mesmo com Dollfuss, trazendo na alma uns laivos do Danúbio Azul. Dizem que a primeira pessoa que encontrou nos nossos meios literários foi o romancista nordestino José Lins do Rego. [...] Para um vienense que tivera a infância ninada pelo *Sonho de valsa*, tinha que suceder o que sucedeu. Repetiu-se no século XX a tragédia do alemão Hans Staden perdido aqui no mato denso da descoberta. Os óculos de José Lins, o seu dinamismo, seus tapas nas costas, tudo repetia a frase alvissareira do morubixaba de Bertioga: — Aí vem nossa comida pulando! Otto Maria Carpeaux perdeu a fala, entregou os pontos. Passou a ser o mais humilde e açodado admirador da tribo do José Olympio. [...] Daí por diante ele escreve, escreve, elucida, plagia, ensina, mas sobretudo badala... É o "Boca Larga" de porta de livraria, o sacristão dos convertidos à nova cultura, a de Dollfuss, o enforcador, a que corveja sobre o túmulo aberto num campo de concentração nazista, para o corpo de Romain Rolland.

(PL, 1943)

Mostra sua cara,
BRASIL!

Lá fora o luar continua
E o trem divide o Brasil
Como um meridiano

(PB, 1925)

[...] o Brasil [é] o maior grilo da história — um grilo de milhões de quilômetros talhados no título morto, de Tordesilhas.

(DD, 1929)

O brasileiro não se habituou ainda a duas coisas que a história exige dele há diversos séculos — ser cristão e contribuinte. Encara o imposto como o catecismo: com o mais cínico desprezo íntimo.

(EP, 1937)

Infelizmente no Brasil não se consegue estudar alguém sem o colocar num trono ou num patíbulo.

(EP, 1937)

O Brasil tem sido o país das revoluções, coincidindo, é verdade, essa série de traumas com a maior transformação histórico-social que o mundo conhece.

(TE, 1952)

[...] há, em nosso meio, a legião dos que, não possuindo o seu lugar ao sol, empurram, intrigam, e causticam os que eles acreditam ser os detentores de posições e menagens.

(TE, 1952)

[...] a que denomina a si mesmo, sem nenhum pudor ou modéstia, "elite intelectual" do país, não passa de um bando de ignorantões. Não leem nada, não se interessam por nada, não querem saber de problemas de espécie alguma.

(DD, 1953)

Minienciclopédia
OSWALDIANA

Começarei protestando contra a confusão que se faz entre a seriedade do espírito humano e, por exemplo, a sisudez de uma sessão acadêmica, com suas ratazanas fardadas e a coleção de suas carecas de louça.

(UA, 1944)

Conde Francisco Matarazzo

[...] ilustração paquidérmica de um jardim zoológico de classe.

(EP, 1944)

Gandhi

Socialista passivo. Ensina liberdade aos povos oprimidos pelo método Berlitz.

(DB, década de 1930)

Lutero

Papão dos papas.

(DB, década de 1930)

Loyola

Má companhia de Jesus.

(DB, década de 1930)

Padre Antônio Vieira

Autor do nosso primeiro empréstimo, para ganhar comissão.

(UA, 1928)

Rui Barbosa

Uma cartola na Senegâmbia.

(UA, 1924)

São João

O besta do Apocalipse.

(DB, década de 1930)

Terra *da* GAROA

[...] na falta de Paris esta porcaria de São Paulo é que me atrai.

(DD, 1954)

O que Anchieta queria, parece, ao fundar o Colégio [...] era mortificar-se no meio da solidão, da neblina e do carrascal. E talvez daí viesse, por herança ou tradição, essa glória da mortificação de que os paulistas abusam mesmo quando suas burras estouram de lucros e sua vida de prazeres.

(TE, 1944)

O paulista vive azucrinado, com sinusite e letra de câmbio, sofrendo borrascas de garoa na cara, um sol de forja de repente, mora no meio de bondes elétricos, fumaças tóxicas, trabalha no berreiro das forjas, no tinir do telefone, no alarido do pregão, mas vão dizer a ele que saia, que vá para um desses paraísos ensombrados de árvores, com clima fixo e silêncio favorável, onde se bebe o ar das manhãs edênicas. Não quer. Não sai.

(TE, 1944)

São Paulo ficou sendo a cidade da paciência, com suas filas quilométricas torrando ao sol ou apodrecendo na chuva à espera dos bondes raros e dos ônibus *detraqués* que servem à sua população.

(TE, 1946)

São Paulo é a cidade onde até as estátuas andam. É preciso ser árvore para ficar.

(TE, 1949)

Lambe-lambe
(v)

Afonso de Taunay

Em 1922, o dr. Taunay imperava aqui em São Paulo, foi ele que nos brindou com aqueles monumentos horrorosos, lá no Ipiranga e no Teatro Municipal. [...] Hoje, felizmente, Taunay não passa de um fóssil, e seu nome caminha para o lugar que merece: o esquecimento.

(DD, 1950)

Antigamente, a História do Brasil era tratada pelo método Taunay que fazia a mesma coisa que seu bisavô com a arte — estragava à vontade.

(TE, 1953)

Bruno Giorgi

Surge [...] um verdadeiro estatuário no Brasil. É Bruno Giorgi, de Mococa. Nele o Modernismo não se tornou acadêmico, nem a concessão ao equilíbrio foi além do próprio equilíbrio.

(TE, 1944)

Celso Antonio

Apareceu [...] Celso Antonio, com influência de Bourdelle e dos cubistas, dando alguns monumentos bons ao Brasil — o do Café, por exemplo, em Campinas. Em seguida começou a se evaporar. Pensava-se que ele era um grande espírito, mas não: era um grande espírita.

(TE, 1944)

Dinah Silveira de Queiroz

Essa senhora, depois de escrever muita besteira, afagada pela inconsciência crítica de meus amigos cariocas, inventou de se lançar, onde? Em Paris. Como tem posses, primeiro comprou um editor, depois abriu um leilão para a crítica. Com a fome que existe na Europa, acredito que até bons críticos sejam negociáveis por lá. Quanto ao noticiário dos jornais e revistas literárias, todo mundo sabe que se trata de matéria paga. E quando se acorda é com essa mulher que tem uma cabeça de pinto e uma cultura de camundongo, "lançada em Paris com grande êxito". [...] É uma horrorosazinha que não sabe nem o que diz, quanto mais o que pensa.

(TE, 1952)

Domingos Carvalho da Silva

O sr. Carvalho deve-se convencer de que não possui nenhuma espécie de graça — nem a de Deus que o deixa pecar contra seus amigos, nem a das Musas e muito menos a outra que não cabe num novato da pena, cheio de impropriedades e vazio de chiste.

(TE, 1948)

É inadmissível que Stephen Spender [poeta e romancista britânico, em visita ao Brasil], que foi trazido a São Paulo pelo seu Clube de Poesia, a associação que vive dos cofres públicos, pois recebe uma verba da Secretaria de Cultura da Municipalidade, tenha sido segregado do nosso convívio por um bloco de lunáticos a serviço da porquice política miserável do sr. Domingos Carvalho da Silva [...].

(DD, 1952)

Fernando Ferreira de Loanda

Trata-se de um complexo de Édipo torto, pois o rapazito tentou matar o pai que é o sr. Carlos Drummond de Andrade, para se casar não com a mãe que seria a poesia [...] mas com a madrasta que é a metrificação.

(TE, 1949)

Helena Silveira

Helena Silveira [...] é para mim a mulher que hoje melhor escreve no Brasil.

(TE, 1949)

Domingos Carvalho da Silva entregou Stephen Spender à história literossocial da comunista (de salão e de centro espírita) Helena Silveira. A conhecida virago tomou como critério empanturrar Spender. E adotou para os convites do barracão milionário de uns imigrantes simpáticos mas analfabetos, os Giorgi, o seguinte: os inimigos de sua irmã, a insanável Dinah Silveira de Queiroz (meu caso), seriam barrados de cara. Os amigos do ilustre casal Maria de Lourdes Teixeira, José Geraldo Vieira, também [...].

(DD, 1952)

Em São Paulo [...] há mais meia dúzia de penetras da literatura que agora se fazem liderar pela maluca menopáusica que vem a ser a dona Helena Silveira.

(DD, 1952)

O que dona Helena quer é filar público. Como não é escritora e não tem leitores, quer entrar em barulho para que se fale nela e dela.

(DD, 1953)

Helena Silveira é uma das mulheres mais inteligentes do Brasil. Evidentemente o seu talento se desmancha no desfiar da crônica social a que se obrigou para um matutino paulista. [...] Frequentemente o que se encontra são cronistas frívolas e vaidosas. Helena coloca-se bem na distância desse gênero de diletantes. [...] Ela é, sem dúvida, um valor feminino de primeira ordem e como tal, deve pensar em tarefas mais profundas.

(TE, 1954)

Jamil Almansur Haddad

Haddad é o único turco pobre de São Paulo. Não quer nada de trabalho. Casou-se com d. Helena Silveira, para comer doces nas festas grã-finas, porque esta é a profissão de sua esposa.

(DD, 1953)

José Geraldo Vieira

José Geraldo Vieira publicou um romance que puxa para o alto o nosso *standard* literário; quero me referir à *Quadragésima porta*. Mas sobre ele o Rio pouco se manifestou. Parece não querer tomar conhecimento dum belo livro que não repete estafados anedotários nem é, para divertimento das crianças idosas, uma aflitiva espécie de Walter Scott do cangaço e do engenho.

(TE, 1944)

José Osório de Oliveira

[...] não é só a cólera e a dor que se estampam [no rosto]. Também a estultice, o vazio, a água parada dos sentimentos revelam imediatamente que estamos diante de um alarve. Nada conheço mais expressivo como inexpressão, mais gritante como silêncio d'alma do que a carranca encouraçada de sorrisos do nosso sempre amável visitante sr. José Osório de Oliveira.

Autor de alguns estudos mortuários sobre a literatura brasileira, não há estribo de embaixada ou garupa de delegação em que essa ilustre mediocridade não se atravanque entre os homens sérios, sisudos ou lastreados de qualquer valor.

(TE, 1952)

Lêdo Ivo

O que é uma pena é a existência dos "paraquedistas" literários, voejando e caindo por todo lado... [...] Olhe o caso de Lêdo Ivo, por exemplo [...]. Esse rapaz é um caso típico [de quem vai] chegando e tomando conta, se abancando sem-cerimônia, oferecendo talento ao quilo e ao retalho, para ser vendido no mercado da banca da redação.

(DD, 1953)

Mário Neme

É um modesto *conteur* e um pavoroso articulista [...].

(PL, 1943)

Oriental e soturno, magro, calvo e acorcundado num sobretudo de loja, o sr. Mário Neme é a vergonha da colônia sírio-libanesa de Piracicaba. [...] no modesto setor do jornalismo remunerado, o sr. Neme cresceu como mandioca-brava e tiriricou a única esperança que tínhamos — a de ver uma associação de classe apoiar de fato os escritores brasileiros e dar relevo no país aos problemas da educação e da cultura. O sr. Neme, fora e dentro das apreciadas babonices que escreve, só quer saber da gaita.

(TE, 1947)

Mário da Silva Brito

[...] sou muito mais partidário do crítico do que do poeta em Mário da Silva Brito. Seus versos de "Biografia" são muito benfeitos, talvez sejam mesmo benfeitos demais. Ao lado, porém, do seu livro *O Modernismo* que ainda se acha inédito mas que conheço, o poeta diminui.

(TE, 1953)

Drágeas

Academia Brasileira de Letras

O Brasil não tem mais gente para suprir os quadros da paralisia senil que fizeram muito tempo da Academia Brasileira de Letras um asilo de impotentes.

(DD, 1940)

Advogados

Houve uma época até em que a única manifestação de vitalidade capaz de agitar os nossos cursos jurídicos foi o trote.

(TE, 1944)

[...] guardo um íntimo horror pela mentalidade da nossa escola de Direito. Por instinto e depois conscientemente, sempre repeli esse Direito ali ensinado para engrossar a filosofia do roubo que caracteriza o capitalismo.

(HSP, 1953)

[...] até hoje conservo a ideia exata de que o advogado, ou melhor, o bacharel é sempre um monstro de pequena e especializada erudição que deixou de servir os interesses do latifundiário porque este deixou de existir, com imoralíssimas exceções. Mas continua a ser a sentinela do negócio, pronto a esmagar a vítima que lhe cai nas unhas, sem nenhuma preocupação de justiça ou de ética.

(HSP, 1953)

Guardo ainda hoje a impressão de que o bacharel não passa de um verme. É uma tênia asquerosa do sistema patriarcal. Vivendo com todas as bênçãos e enrolamentos do Deus dos negócios.

(HSP, 1953)

Arquitetura

A arquitetura de São João del-Rei, Tiradentes e Sabará [...] está aí como uma censura viva aos inconscientes que pretendem transplantar para o nosso clima o horror dos bangalôs e das casas de pastelaria.

(DD, 1924)

A arquitetura deve refletir a paisagem. [...] Podemos muito bem construir um arranha-céu numa arte nossa, sem ser essa arquitetura de cartão-postal que parece dominar o Brasil inteiro.

(DD, 1925)

Bordel

O bordel passou a ser um ideal para a mocidade de meu tempo. Das pensões, escapando à tirania das cafetinas, saíram inúmeras senhoras da nossa alta sociedade, pois as profissionais do amor sabiam prender muito mais os homens do que as sisudas sinhás da reza e da tradição.

(HSP, 1953)

Cinema Italiano

Na busca da verdade humana deixando a fantasia dos *décors* e dos enredos e a invenção dos ambientes e dos personagens, o cinema italiano carregou para a rua a sua câmara ansiosa de veracidade e correu atrás da vida cotidiana e do homem comum com tal afã e tal eficiência que ultrapassou os seus propósitos realistas e atingiu de novo o símbolo.

(EP, 1950)

Crimes Sexuais

[...] atribuo o número imenso de crimes sexuais aqui praticados pelos ditos "tarados" [...] a essa contenção mantida pela nossa mentalidade colonizada, pelo país sem divórcio e onde, apenas nas classes altas, se esboça um movimento de liberdade de ideias correspondente à evolução moral do mundo. O "tarado" é filho da falta de divórcio.

(HSP, 1953)

Crítica

[...] o crítico de livros é muitas vezes, o avesso amargo do panfletário, pois, se ele aliás quiser apenas indicar benevolamente o que se deve ler ou sentir está despedido de suas funções. O que interessa na crítica é a maldade.

(TE, 1946)

Inglês Americano

[...] os americanos geralmente não sabem senão aquele fanhoso e incorretíssimo inglês de *fox* que desilude os meus ouvidos, cada vez que me aproximo de um deles, seja banqueiro, escritor ou estrela.

(FS, 1943)

Literatura Brasileira

[As] letras brasileiras possuem três autores fundamentais: Machado, Euclides e Mário de Andrade.

(DD, 1954)

Luto

Há uma espécie de redução algébrica dos sentimentos profundos. O homem nasce na Maternidade e morre no Sanatório. O luto sumiu. E a família abraça pelo anúncio fúnebre de um jornal.

(TE, 1947)

Maturidade

Acontece terem as crianças ereção no primeiro mês de vida e iniciarem um inútil período de masturbação, enquanto homens de quarenta anos e menos perdem estupidamente a potência para viver dezenas de anos como cadáveres.

(HSP, 1953)

Miséria

Para certos psicanalistas e literatos [...] é preciso conservar os porões e a promiscuidade suja das atuais habitações coletivas, para que se salve, de um lado, o lirismo e, do outro, os doentes que eles querem curar.

(TE, 1944)

Naturalismo

[...] não há uma grande diferença entre o antigo naturalismo e os livros atuais dos senhores Afrânio Peixoto e Ribeiro Couto, que são póstumos de si mesmos.

(EP, 1941)

Sátira

O que caracteriza o riso é sempre o insólito, o bizarro, o anormal. [...] É o inadequado nas suas várias modalidades.

Transponha-se isso para o terreno da crítica, da ressonância e da linguagem social e está aí a sátira. Nela o oprimido se sente justiçador. É a revanche, a descarga, a vindita.

(EP, 1945)

Tempos Modernos

Quando a família se desmancha em *glamour-girls*, mulheres automáticas e folgados amigos do alheio automóvel e do alheio *drink*, é que lavra um evidente desajustamento nos velhos quadros que presidiram a nossa formação. Nem se vai para diante, pois persistem os preconceitos e as leis da velha gente patriarcal, nem se volta para trás, pois acabaram-se as rótulas e não é possível vigilância sobre a meninada de ambos os sexos que parte cedo para as escolas, os centros de esporte, os acampamentos, os grêmios recreativos, o ganha-pão.

Tudo isso se liga a uma grave crise de autoridade paterna. Nem o pai fracassado nem a mãe leviana têm direito algum sobre a prole ansiosa de sensações que o cinema provoca, o rádio exalta e a vida mecânica promove.

(TE, 1949)

Verdade

A verdade é sempre a realidade interpretada, acomodada a um fim construtivo e pedagógico, é a *gestalt* que suprime a dispersão do detalhe e a inutilidade do efêmero.

(HSP, 1953)

Vestimentas

Bem-vestir aqui nesta canícula irracional seria andar de *short* e maiô. Não se trataria de nenhuma originalidade e sim, de defesa da própria saúde.

(TE, 1953)

Viagem

O que a humanidade quer é pretexto para viajar, mesmo que seja a carnificina do Santo Sepulcro.

(DD, 1929)

A viagem é sempre um pouco de férias, dessas férias que a gente sonha no primeiro livro bestificado da infância, *As férias,* da Baronesa não sei de quê. Uma história muito bonita dumas férias deliciosas dumas crianças bem-postas na vida, que criam na gente esse complexo que não passa nunca, porque nossas férias de crianças foram pobres e pífias, e nossas férias da vida adulta ficaram nos papéis. Então a gente se vinga na viagem.

(TE, 1944)

Autorretratos em TRÊS POR QUATRO

Na solidão sou soturno e amlético [*sic*]. Em público, afirmativo e solar.

(DD, 1943)

Isto é o que quero eu. Vida de *Far-West* e de preguiça colonial — estética helênica e renascentista, eis o que querem os outros.

(DD, 1925)

Fui preguiçosamente esportivo, pratiquei o futebol, a natação e o boxe.

(DD, 1943)

O meu destino é de um paraquedista que se lança sobre uma formação inimiga: ser estraçalhado.

(DD, 1940)

Sou sentimental, inquieto e agrário. Talvez por isso tivesse me casado e divorciado diversas vezes.

(DD, 1943)

Supersticioso e religioso de formação, nunca perdi essas taras, mesmo adotando um credo materialista.

(DD, 1943)

Gosto de propor os meus pontos de vista, ensinar o que sei, ainda que errado, e intervir mesmo no que não sei.

(DD, 1943)

[...] tenho a fé abundante. Cheguei a acreditar até em banqueiros.

(DD, 1943)

[...] no momento em que não tinha fãs [...] distribuía autógrafos somente "aos pregos e aos bancos" [...]

(DD, 1948)

Como todo bacharel em Direito, não entendo quase nada de leis.

(DD, 1949)

Continuei na burguesia, de que mais que aliado, fui índice cretino, sentimental e poético.

(SPG, 1933)

Do meu fundamental anarquismo jorrava sempre uma fonte sadia, o sarcasmo. Servi a burguesia sem nela crer.

(SPG, 1933)

Sinto às vezes acabrunhamentos incríveis. Mas volto à tona com uma tremenda tenacidade.

(HSP, 1953)

Meu temperamento traz duas constantes que dialeticamente se revezam. Sofro como Dostoiévski e arrisco como Nietzsche. Isso faz de meus dias um bolo dramático sem fim.

(DD, 1954)

Quando é para falar mal, falo mal até de minha própria família. Toda a minha vida se pautou por uma grande lealdade a mim mesmo.

(DD, 1954)

Nunca fiz um comentário que tivesse maldade. Jamais quis mal a alguém deliberadamente. Todas as minhas críticas eu as fiz sem a menor sombra de ódio ou rancor. Elas foram sempre humildes e até ingênuas, às vezes.

(DD, 1954)

Minha vida tem sido um perigoso desafio à realidade, pois sou obrigado a viver nas coordenadas capitalistas em que nasci e nenhuma vocação mais oposta a isso do que a minha. Tenho me arrastado miraculosamente por altos e baixos terríveis.

(DD, 1954)

[...] trago uma flor de fogo no peito que os médicos chamam, certa ou erradamente, de aortite essencial [...]

(TE, 1948)

[...] sou o toureador que jamais matará o touro e que não tem direito a aposentadoria.

(DD, 1954)

Nasce-se velho, cheio de taras, preconceitos e hábitos vetustos, mas pouco a pouco a idade traz em si a juventude. De modo que, ao me despedir e agradecer, declaro para uso de quem quiser que há uma nova categoria. Sexagenário não, mas sex-appeal-genário.

(EP, 1950)

Autodeglutição

Luto para não cair no jornalismo narrativo, que faz quase todo o sucesso da nossa literatura.

(DD, 1941)

O Começo da Carreira

Seu Paulo, filho de tio Herculano [o escritor Inglês de Souza], pois também ele ia ser literato e, numa viagem que a família do Rio fez a São Paulo, me comunicou [...] o enredo de um conto seu, intitulado "O fantasma das praias". Tratava-se de uma moça que havia morrido do peito em São Vicente. Agora, à noite, ela aparecia para seu noivo, ao longo da praia deserta. Essa história me deslumbrou de tal modo que, quando Seu Paulo partiu para o Rio, eu sorrateiramente me aproveitei do assunto e escrevi "O fantasma das praias". É esse plágio o marco inicial de minha vida literária.

(HSP, 1953)

Mon coeur balance e *Leur âme*

Vazei [...] minha desgraçada experiência amorosa nas duas peças que escrevi em francês com Guilherme de Almeida.

Refletem elas a descoberta da mulher, verídica no seu sexo e no seu destino. Foi a descoberta das vacilações naturais de Landa [Kosbach], aumentada pelos meus preconceitos e pela minha formação patriarcal.

(HSP, 1953)

O perfeito cozinheiro das almas deste mundo

Dessa época, do ano de 18 e até 19, componho com os frequentadores da *garçonnière* e com Daisy, que se tornou minha amante, um caderno enorme [...]. Chama-se — uma ideia de Pedro Rodrigues de Almeida — *O perfeito cozinheiro das almas deste mundo*.

(HSP, 1953)

Os condenados

Desde que deixei de lado as frases bonitas de *Os condenados*: "Varredores varriam folhas mortas como destinos etc. etc.", fiquei gago.

(DD, 1925)

A não ser *Os condenados*, de que vendi três mil exemplares, meus livros têm tido edições bem exíguas. Coloquei-me, bem cedo, numa posição de combate e de pesquisa técnico-expressional. Isso torna difícil a leitura de trabalhos [...]. Não são livros para o grande público...

(DD, 1941)

[...] é um livro que reputo um bom romance paulista [...]

(DD, 1941)

Os condenados são uma experiência romântica...

(DD, 1943)

Pau Brasil

A poesia Pau Brasil é uma sala de jantar domingueira, com passarinhos cantando na mata resumida das gaiolas, um sujeito magro compondo uma valsa para flauta e a Maricota lendo o jornal. No jornal anda todo o presente.

(UA, 1924)

[Pau Brasil]: O contrário da parlapatice léxica do sr. Coelho Neto e da cantata decassílaba de Bilac. A tolice se quiserem, mas diferente da do sr. Medeiros e Albuquerque, que essa é professoral e bem redigida. O que os primeiros cronistas descobriram, o que nossas grandes orelhas infantis ouviram e guardaram em nossas casas.

(DD, 1925)

Serafim Ponte Grande

[...] um dos meus personagens prediletos — Serafim Ponte Grande, o burocrata transfigurado [...]

(DD, 1925)

Serafim é o primeiro passo para o classicismo brasileiro.

(SPG, 1933)

Um documento. Um gráfico. O brasileiro atoa na maré alta da última etapa do capitalismo. Fanchono. Oportunista e revoltoso. Conservador e sexual. Casado na polícia. Passando de pequeno-burguês e funcionário climático a dançarino e turista. Como solução, o nudismo transatlântico. No apogeu histórico da fortuna burguesa. Da fortuna mal-adquirida. [...] Necrológio da burguesia. Epitáfio do que fui.

(SPG, 1933)

A morta

Dou a maior importância à *Morta* em meio da minha obra literária. É o drama do poeta, do coordenador de toda ação humana, a quem a hostilidade de um século reacionário afastou pouco a pouco da linguagem útil e corrente. Do romantismo ao simbolismo, ao surrealismo, a justificativa da poesia perdeu-se em sons e protestos ininteligíveis e parou no balbuciamento e na telepatia. Bem longe dos chamados populares. Agora, os soterrados, através da análise, voltam à luz, e através da ação, chegam às barricadas. São os que têm a coragem incendiária de destruir a própria alma desvairada, que neles nasceu dos céus subterrâneos a que se acoitaram. As catacumbas líricas ou se esgotam ou desembocam nas catacumbas políticas.

(PFHCM, 1937)

Marco zero

Acho que *Marco zero* vai acabar com o meu afastamento do público que lê. [...] Porque procuro dar conta, em ordem direta, dos episódios que todos nós vivemos, neste grande decênio que começa em 1930 e vem até 1940. E a ordem direta [...] é muito importante!

(DD, 1941)

Os meus livros anteriores encerraram apenas experiências de estilo variadas e agressivas. Agora, fiz uma obra de trabalho sereno. Isso me custou muito esforço e paciência.

(DD, 1943)

Um homem sem profissão

A perda do colo materno deflagrou em mim o escritor e o homem. Minhas memórias são um livro edipiano. Tudo nelas explica os meus livros anteriores: minha prosa e minha poesia.

(DD, 1954)

O Melhor e o Pior Livro

[O meu melhor livro é] *Serafim Ponte Grande*, e o pior, isto é, os piores são dois: duas peças teatrais, *Mon coeur balance* e *Leur âme,* que publiquei juntamente com Guilherme de Almeida. [...] O fracasso, eu o atribuo unicamente a mim. Eu não tinha ainda alcançado a maturidade intelectual.

(DD, 1954)

O Melhor e o Pior Poema

[Meu melhor poema é] "Cântico dos Cânticos para flauta e violão" [...]; e o pior é o "Cântico do pracinha só", poema dirigido sob influência política pelo Partido Comunista.

(DD, 1954)

O PENSAMENTO VIVO *de* O.A.

Não nascemos para saber. Nascemos para acreditar.

(DD, 1925)

A massa [...] há de chegar ao biscoito fino que eu fabrico.

(EP, 1935)

[...] clássico é o que atinge a perfeição de um momento humano e o universaliza. [...] Academismo [...] É cópia, imitação, é falta de personalidade e de força própria.

(EP, 1922)

Só não se inventou uma máquina de fazer versos — havia o poeta parnasiano.

(UA, 1924)

A língua sem arcaísmos, sem erudição. Natural e neológica. A contribuição milionária de todos os erros. Como falamos. Como somos.

(UA, 1924)

Sair de uma escola para obedecer a novas regras é cair noutra escola.

(DD, 1925)

Se a noite não caísse
Que seriam dos lampiões?

(PB, 1925)

Quem conta com a posteridade é como quem conta com a polícia.

(SPG, 1926)

Tudo em arte é descoberta e transposição.

(SPG, 1926)

A gente escreve o que ouve — nunca o que houve.

(SPG, 1926)

[...] achar a beleza de uma coisa é apenas aprofundar o seu caráter.

(SPG, 1926)

Muita gente pensa que ser moderno é andar de casaca e chinelo.

(EP, 1937)

Ser contra uma determinada moral ou estar fora dela não é ser imoral.

(UA, 1944)

[...] os jesuítas [...] são os maometanos de Cristo.

(UA, 1945)

[...] *humor* [...] a flor cáustica da liberdade.

(EP, 1945)

Uma coisa acorda os vivos, é a morte.

(TE, 1948)

A literatura brasileira não conseguiu projeção mundial porque não presta.

(DD, 1949)

É preciso não confundir sisudez com profundidade.

(EP, 1949)

O escritor deve publicar logo que escreve. A timidez só atrapalha.

(DD, 1950)

Não há desinteresse dos jovens pela ficção. É que a ficção é mais difícil do que a poesia.

(DD, 1950)

Assisti ao desnudamento do homem como da mulher no meu século.

(HSP, 1953)

A verdade é sempre a realidade interpretada, acomodada a um fim construtivo e pedagógico, é a *gestalt* que suprime a dispersão do detalhe e a inutilidade do efêmero.

(HSP, 1953)

Na doença [...] crescem as sombras da alma.

(EP, 1954)

CRONOLOGIA*

* Elaborada a partir de LEVIN, Orna Messer. "Cronologia", in Andrade, Oswald de. *Obra incompleta* [Coord.: Jorge Schwartz]. Paris, ALLCA XX, Archivos, no prelo. Consultamos os originais e documentos depositados no Centro de Documentação Cultural Alexandre Eulalio (CEDAE), IEL-UNICAMP, além dos livros *O salão e a selva: uma biografia ilustrada de Oswald de Andrade*, de Maria Eugenia Boaventura, e *Oswald de Andrade (1890-1954): biografia*, de Maria Augusta Fonseca.

1890 Nasce José Oswald de Souza Andrade, no dia 11 de janeiro, na cidade de São Paulo, filho de José Oswald Nogueira de Andrade e Inês Henriqueta de Souza Andrade. Na linhagem materna, descende de uma das famílias fundadoras do Pará, estabelecida no porto de Óbidos. É sobrinho do jurista e escritor Herculano Marques Inglês de Souza. Pelo lado paterno, ligava-se a uma família de fazendeiros mineiros de Baependi. Passou a primeira infância em uma casa confortável na rua Barão de Itapetininga.

1900 Tendo iniciado seus estudos com professores particulares, ingressa no ensino público matriculando-se na Escola Modelo Caetano de Campos.

1902 Cursa o Ginásio Nossa Senhora do Carmo.

1905 Frequenta o Colégio de São Bento, tradicional instituição de ensino religioso, onde se torna amigo de Guilherme de Almeida. Conhece o poeta Ricardo Gonçalves.

1908 Conclui o ciclo escolar no Colégio de São Bento.

1909 Ingressa na Faculdade de Direito do Largo de São Francisco. Inicia-se profissionalmente no jornalismo escrevendo para o *Diário Popular*. Estreia com o pseudônimo Joswald, nos dias 13 e 14 de abril, quando saem os dois artigos intitulados "Penando — De São Paulo a Curitiba" em que trata da viagem de seis dias do presidente Afonso Pena ao estado do Paraná. Conhece Washington Luís, membro da comitiva oficial e futuro presidente, de quem se tornaria amigo íntimo. A partir de 14 de abril, até 30 de agosto de 1911, trabalha também como redator da coluna "Teatros e Salões" do *Diário Popular*. Monta um ateliê de pintura com Osvaldo Pinheiro.

1911 Faz viagens frequentes ao Rio de Janeiro, onde participa da vida boêmia dos escritores. Inicia amizade com o poeta Emílio de Menezes. Deixa o *Diário Popular*. Em 12 de agosto, lança, com Voltolino, Dolor Brito Franco e Antônio Define, o semanário *O Pirralho*, no qual usa o pseudônimo Annibale Scipione para assinar a seção "As cartas d'abaixo pigues". Ao final do ano, interrompe os estudos na Faculdade de Direito e arrenda a revista a Paulo Setúbal e Babi de Andrade no intuito de realizar sua primeira viagem à Europa.

1912 Embarca no porto de Santos, no dia 11 de fevereiro, rumo ao continente europeu. A bordo do navio *Martha Washington*, entusiasma-se com Carmen Lydia, nome artístico da menina Landa Kosbach, de treze anos, que viaja para uma temporada de estudos de balé no teatro Scala de Milão. Visita a Itália, a Alemanha, a Bélgica, a Inglaterra, a Espanha e a França. Trabalha como correspondente do matutino *Correio da Manhã*. Em Paris, conhece sua primeira esposa, Henriette Denise Boufflers (Kamiá), com quem retorna ao Brasil, em 13 de setembro, a bordo do navio *Oceania*. Desembarca no porto do Rio de Janeiro e viaja a São Paulo pelo trem noturno a fim de apressar a chegada. Não revê a mãe, falecida no dia 6 de setembro. Realiza sua primeira experiência poética ao escrever "O último passeio de um tuberculoso, pela cidade, de bonde" e rasgá-lo em seguida.

1913 Frequenta as reuniões artísticas da Villa Kyrial, palacete do senador Freitas Valle. Conhece o pintor Lasar Segall que, recém-chegado ao país, expõe pela primeira vez em Campinas e São Paulo. Escreve o drama *A recusa*.

1914 Nasce, em 14 de janeiro, José Oswald Antônio de Andrade (Nonê), seu filho com a francesa Kamiá. Acompanha as aulas do programa de Bacharelado em Ciências e Letras do Mosteiro de São Bento.

1915 Publica, em 2 de janeiro, na seção "Lanterna mágica" de *O Pirralho*, o artigo "Em prol de uma pintura nacional". Junto com os colegas da redação, cultiva uma vida social intensa, tendo ainda como amigos Guilherme de Almeida, Amadeu Amaral, Júlio de Mesquita Filho, Vicente Rao e Pedro Rodrigues de Almeida. Viaja constantemente ao Rio de Janeiro, onde participa da vida boêmia ao lado dos escritores Emílio de Menezes, Olegário Mariano, João do Rio e Elói Pontes. Participa do almoço promovido pelos alunos da Faculdade de Direito em homenagem a Olavo Bilac, que visita São Paulo para estimular a campanha cívica. É membro da Sociedade Brasileira dos Homens de Letras, fundada por Olavo Bilac no Rio de Janeiro e em São Paulo. Mantém uma relação íntima com a jovem Carmen Lydia, cuja carreira estimula, financiando seus estudos de aperfeiçoamento e introduzindo-a nos meios artísticos. Com apoio de *O Pirralho*, realiza, em 4 de setembro, um festival no salão do Conservatório Dramático e Musical, em homenagem a Emílio de Menezes.

1916 Inspirado no envolvimento amoroso com Carmen Lydia, escreve, em parceria com Guilherme de Almeida, a peça *Mon coeur balance*, cujo primeiro ato é divulgado em *A Cigarra* de 19 de janeiro. Também em francês, assina com Guilherme de Almeida a peça *Leur âme*, reproduzida em parte na revista *A Vida Moderna*, em maio e dezembro. Ambas foram reunidas no volume *Théâtre brésilien*, lançado pela Typographie Ashbahr, com projeto gráfico do artista Wasth Rodrigues, durante o primeiro semestre. Uma leitura foi realizada na redação de *A Cigarra* no início de julho e outra na sede carioca da Sociedade Brasileira dos Homens de Letras. Em dezembro, a atriz francesa Suzanne Desprès e Lugné Poe fizeram a leitura dramática de um ato de *Leur âme* no Teatro Municipal de São Paulo. Oswald volta a frequentar a Faculdade de Direito e trabalha como redator do diário *O Jornal*. Faz viagens constantes ao Rio de Janeiro, onde Carmen Lydia vive sob a tutela da avó. No Rio, conhece a dançarina Isadora Duncan, em turnê pela América do Sul, e a acompanha nos passeios turísticos durante a temporada paulistana. Assina como Oswald de Andrade os trechos do futuro romance *Memórias sentimentais de João Miramar*, publicados em 17 e 31 de agosto em *A Cigarra*. Divulga passagens do livro em *O Pirralho* e, em 28 de dezembro, em *A Vida Moderna*. Assume a função de redator da edição paulistana do *Jornal do Commercio*, a partir de 1º. de novembro. Escreve o drama *O filho do sonho*.

1917 Conhece o escritor Mário de Andrade e o pintor Di Cavalcanti. Forma com eles, com Guilherme de Almeida e Ribeiro Couto o primeiro grupo modernista. Aluga uma *garçonnière* na rua Líbero Badaró, n.º 67.

1918 Aproveitando o encerramento da exposição individual de Anita Malfatti, publica no *Jornal do Commercio*, em 11 de janeiro, o artigo "A exposição Anita Malfatti" no qual defende as tendências da arte expressionista, em resposta à crítica "Paranoia ou mistificação", de Monteiro Lobato, publicada em 20 de dezembro de 1917 em *O Estado de S. Paulo*. Em fevereiro, encerra a publicação de *O Pirralho*. É colaborador do jornal *A Gazeta*. Cria, a partir de 30 de maio, o "Diário da *Garçonnière*", também intitulado *O perfeito cozinheiro das almas deste mundo*. Os amigos mais assíduos, Guilherme de Almeida, Léo Vaz, Monteiro Lobato, Pedro Rodrigues de Almeida, Ignácio da Costa Ferreira e Edmundo Amaral, participam do diário coletivo que registra ainda a presença marcante da normalista Maria de Lourdes Castro Dolzani, conhecida como Deisi, Daisy e Miss Cyclone. As anotações, datadas até 12 de setembro, revelam seu romance com Daisy, que por motivos de saúde é obrigada a voltar para a casa da família, em Cravinhos.

1919 Perde o pai em fevereiro. Ajuda Daisy a se estabelecer em São Paulo. Publica na edição de maio da revista dos estudantes da Faculdade de Direito, *Onze de Agosto*, "Três capítulos" (Barcelona — 14 de julho em Paris — Os cinco dominós) do romance em confecção *Memórias sentimentais de João Miramar*. No dia 15 de agosto, casa-se *in extremis* com Daisy, hospitalizada devido a um aborto malsucedido, tendo como padrinhos Guilherme de Almeida, Vicente Rao e a mãe dela. No dia 24 de agosto, Daisy morre, aos dezenove anos, e é sepultada no jazigo da família Andrade no Cemitério da Consolação. Conclui o bacharelado em Direito, sendo escolhido o orador do Centro Acadêmico XI de Agosto.

1920 Trabalha como editor da revista *Papel e Tinta*, lançada em maio e publicada até fevereiro de 1921. Assina Marques D'Olz e escreve com Menotti del Picchia o editorial da revista, que contou com a colaboração de Mário de Andrade, Monteiro Lobato e Guilherme de Almeida, entre outros. Conhece o escultor Victor Brecheret, na ocasião trabalhando na maquete do *Monumento às Bandeiras*, em comemoração ao Centenário da Independência, a se realizar em 1922. Encomenda-lhe um busto de Daisy, a falecida Miss Cyclone.

1921 Profere um discurso no banquete oferecido a Menotti del Picchia por ocasião do lançamento de seu livro *As máscaras*, em 9 de janeiro, no Trianon. No dia seguinte, publica um artigo sobre esta homenagem no *Correio Paulistano*, no qual passa a trabalhar até 15 de fevereiro de 1924. No dia 27 de maio, apresenta neste jornal a poesia de Mário de Andrade com o artigo "O meu poeta futurista". Cria polêmica com o próprio amigo que lhe responde em 6 de junho com uma indagação "Futurista?", a qual tem por réplica o artigo "Literatura contemporânea", de 12 de junho. No mesmo diário, publica, nos dias 21 de abril, 14 de maio e 24 de maio, trechos inéditos de *A trilogia do exílio* II e III, acompanhados de uma coluna elogiosa de Menotti del Picchia. Em busca de adesões ao Modernismo, viaja com outros escritores ao Rio de Janeiro, onde se encontra com Ribeiro Couto, Ronald de Carvalho, Manuel Bandeira e Sérgio Buarque de Holanda. Nesta cidade, faz, no mês de outubro, uma leitura de trechos inéditos de *Os condenados*, primeiro volume de *A trilogia do exílio*.

1922 Participa ativamente da Semana de Arte Moderna, realizada de 13 a 17 de fevereiro no Teatro Municipal de São Paulo, quando lê fragmentos inéditos de *Os condenados* e *A estrela de absinto* (volumes I e II de *A trilogia do exílio*). Integra o grupo da revista modernista *Klaxon*, lançada em maio. Divulga, no quinto número da revista, uma passagem inédita de *A estrela de absinto*. Publica *Os condenados*, com capa de Anita Malfatti, pela casa editorial de Monteiro Lobato. Discursa no banquete oferecido ao escritor português António Ferro, que visita o Brasil entre maio de 1922 e abril de 1923. Toma parte no III ciclo de conferências da Villa Kyrial. Em 18 de setembro, durante as comemorações do Centenário da Independência, profere uma conferência. Forma, com Mário de Andrade, Anita Malfatti, Tarsila do Amaral e Menotti del Picchia, o chamado "grupo dos cinco". Viaja para a Europa no mês de dezembro pelo navio da Compagnie de Navegation Sud Atlantique.

1923 Ganha na Justiça a custódia do filho Nonê, que viaja com ele à Europa e ingressa no Licée Jaccard, em Lausanne, na Suíça. Durante os meses de janeiro e fevereiro, passeia com Tarsila pela Espanha e Portugal. A partir de março instala-se em Paris, de onde envia artigos sobre os ambientes intelectuais da atualidade para o *Correio Paulistano*. Trava contatos com a vanguarda francesa, conhecendo, em maio, o poeta mutilado de guerra Blaise Cendrars. Profere então uma conferência na Sorbonne intitulada "L'Effort intellectuel du Brésil contemporain", traduzida e divulgada pela *Revista do Brasil*, em dezembro. Comparece no dia 24 de julho ao banquete oferecido pelo embaixador brasileiro Souza Dantas, em que estiveram vários intelectuais como Sérgio Milliet, Jules Romains, Giraudoux, Blaise Cendrars, Lhote, Léger e Supervielle. Passa as férias do verão europeu, em agosto, na Itália. Está concluindo a redação de *Memórias sentimentais de João Miramar*. Recebe uma homenagem da sociedade Amis des Lettres Françaises, em Paris. No final do ano, durante a viagem de regresso ao Brasil pelo navio *Santarém*, faz uma escala em Portugal, onde concede uma entrevista ao *Diário de Lisboa* e profere uma conferência.

1924 Recebe no início de fevereiro o amigo Blaise Cendrars, que conhecera em Paris. Escreve um texto elogioso sobre ele no *Correio Paulistano*, no dia 13 desse mês. Leva-o para assistir ao Carnaval do Rio de Janeiro. Em 18 de março, lança, na seção "Letras & Artes" do *Correio da Manhã*, o "Manifesto da Poesia Pau Brasil", reproduzido pela *Revista do Brasil*, n? 100, em abril. Na companhia de Blaise Cendrars, Mário de Andrade, Tarsila do Amaral, Paulo Prado, Goffredo da Silva Telles e René Thiollier, forma a chamada caravana modernista, que excursiona pelas cidades históricas de Minas Gerais, durante a Semana Santa, realizando a "descoberta do Brasil". A convite de Paulo Prado, visita com Blaise Cendrars a fazenda São Martinho, de sua propriedade. Dedica a Paulo Prado e a Tarsila seu livro *Memórias sentimentais de João Miramar*, lançado pela Editora Independência, com capa de Tarsila. Expressa suas divergências em relação a Graça Aranha em artigo publicado no *Jornal do Commercio*. Faz uma leitura de trechos inéditos do romance *Serafim Ponte Grande* na residência de Paulo Prado. Participa do v ciclo de conferências da Villa Kyrial, expondo suas impressões sobre as realizações intelectuais francesas. Publica poemas de *Pau Brasil* na *Revista do Brasil* de outubro. Viaja novamente à Europa a bordo do *Massília*, estando em novembro na Espanha. Instala-se em Paris com Tarsila. Em dezembro, durante os festejos de Natal, o casal encontra-se na casa de campo de Blaise Cendrars em Tremblay-sur-Mauldre.

1925 Visita o filho Nonê que estuda na Suíça. Retorna ao Brasil em maio pelo navio *Andes*. Vai ao jantar realizado em homenagem a d. Olivia Guedes Penteado na residência de René Thiollier, a Vila Fortunata. Em junho, em seu retorno à Europa a bordo do navio AVON, faz uma escala no Recife, onde concede uma entrevista a Joaquim Inojosa, que promove o movimento modernista de São Paulo. Em julho, Mário de Andrade envia a Tarsila do Amaral o poema "Tarsivald", em homenagem ao casal. Passa com Tarsila um período de férias em Deauville. Sai o livro de poemas *Pau Brasil*, editado com apoio de Blaise Cendrars pela editora francesa Au Sans Pareil, contendo ilustrações de Tarsila do Amaral e um prefácio de Paulo Prado. A viagem de volta ao Brasil ocorre no final de agosto. Estando no Rio de Janeiro, publica no dia 18 de setembro, em *O Jornal*, o rodapé "A poesia Pau Brasil", no qual responde ao ataque feito pelo crítico Tristão de Athayde no mesmo matutino, nos dias 28 de junho e 5 de julho, sob o título "Literatura suicida". No dia 15 de outubro, divulga em carta aberta sua candidatura à Academia Brasileira de Letras para a vaga de Alberto Faria, mas não chega a regularizar a inscrição. Oficializa o noivado com Tarsila do Amaral em novembro. O casal parte rumo à Europa a bordo do *Cap Pollonio*, em dezembro. Na passagem do ano, visitam Blaise Cendrars em sua casa de campo, em Tremblay-sur-Mauldre.

1926 Segue com Nonê, Tarsila do Amaral e sua filha Dulce para uma excursão ao Oriente Médio, a bordo do navio *Lotus*. Publica na revista modernista *Terra Roxa e outras terras*, de 3 de fevereiro, o prefácio "Lettre-Océan" ao livro *Pathé-baby*, de António de Alcântara Machado. Em maio, vai a Roma para uma audiência com o Papa, na tentativa de obter a anulação do primeiro casamento de Tarsila. Em Paris, auxilia Tarsila nos preparativos de sua exposição. Regressa ao Brasil no dia 16 de agosto, a bordo do navio *Almanzorra*. Dá início, no dia 2 de setembro, à coluna "Feira das Quintas", no *Jornal do Commercio*, que até 5 de maio do ano seguinte será assinada por João Miramar. A cerimônia de casamento com Tarsila do Amaral se realiza em 30 de outubro, tendo como padrinhos o amigo e já presidente da República Washington Luís e Dona Olivia Guedes Penteado. Frequenta a fazenda Santa Tereza do Alto, em Capivari. Recebe Marinetti em sua visita à América do Sul. Encontra-se, em outubro, com os fundadores da revista *Verde*, em Cataguases, Minas Gerais. Divulga na *Revista do Brasil* (2.ª fase), de 30 de novembro, o primeiro prefácio ao futuro livro *Serafim Ponte Grande*, intitulado "Objeto e fim da presente obra".

1927 Publica *A estrela de absinto*, segundo volume de *A trilogia do exílio*, com capa de Victor Brecheret, pela Editorial Hélios. A partir de 31 de março, escreve no *Jornal do Commercio* crônicas de ataque a Plínio Salgado e Menotti del Picchia, estabelecendo as divergências com o grupo verde-amarelo que levaram à cisão entre os modernistas de 1922. Está presente ao jantar que homenageia Paulo Prado na residência de René Thiollier, a Vila Fortunata, no dia 21 de abril. Patrocina a publicação do livro de poemas *Primeiro caderno do aluno de poesia Oswald de Andrade*, com capa de Tarsila do Amaral e ilustrações próprias. Volta a Paris, onde permanece de junho a agosto para a segunda exposição individual de Tarsila. Recebe menção honrosa pelo romance *A estrela de absinto* no concurso promovido pela Academia Brasileira de Letras. Publica na revista *Verde*, n? 3, do mês de novembro, "Os esplendores do Oriente", trecho inédito de *Serafim Ponte Grande*.

1928 Como presente de aniversário, recebe de Tarsila um quadro ao qual resolvem chamar *Abaporu* (em língua tupi, "aquele que come"). Redige e faz uma leitura do "Manifesto antropófago" na casa de Mário de Andrade. Funda, com os amigos Raul Bopp e António de Alcântara Machado, a *Revista de Antropofagia*, cuja "primeira dentição" é editada de maio de 1928 a fevereiro de 1929. Concede uma entrevista ao jornal *Estado de Minas* sob o título "Contra os emboabas" no dia 13 de maio, data da abolição da escravatura. Chega a Paris no início de junho para a terceira exposição individual de Tarsila (de 18 de junho a 2 de julho), tendo viajado a bordo do navio *Astúrias*. Concede uma entrevista a Nino Frank, divulgada em 14 de julho na revista *Les Nouvelles Littéraires* como "Malles et Valises São Paulo-Paris".

1929 A partir de 17 de março, lança a "segunda dentição" da *Revista de Antropofagia*, desta vez veiculada pelo *Diário de S. Paulo* até 1? de agosto, sem a participação dos antigos colaboradores, os quais a revista passa a criticar. Com o apoio desta, faz uma homenagem ao palhaço Piolim no dia 27 de março, Quarta-Feira de Cinzas, oferecendo-lhe um almoço denominado "banquete de devoração". Viaja em julho ao Rio de Janeiro para a exposição de Tarsila e, em seguida, embarca para Paris. Contata Benjamin Péret, apresentado aos leitores da *Revista de Antropofagia*. Ao longo do ano, rompe com os amigos Mário de Andrade, Paulo Prado e António de Alcântara Machado. Sofre os efeitos da queda da Bolsa de Valores de Nova York, em outubro. Recebe na fazenda

Santa Tereza do Alto a visita de Le Corbusier, Josephine Baker e Herman Keyserling. Mantém uma relação amorosa com Patrícia Galvão, a Pagu, com quem escreve o diário "O romance da época anarquista, ou Livro das horas de Pagu que são minhas — o romance romântico — 1929-1931". Tenta participar do Congresso das Lavouras mas é impedido e publica o discurso em *O Estado de S. Paulo* de 5 de dezembro. Viaja para encontrar-se com Pagu na Bahia. Ao regressar, desfaz seu matrimônio com Tarsila, prima de Waldemar Belisário, com quem Pagu havia recentemente forjado um casamento.

1930 No dia 5 de janeiro, firma um compromisso verbal de casamento com Pagu junto ao jazigo da família Andrade, no Cemitério da Consolação. Depois registra a união tirando uma foto oficial dos noivos, diante da Igreja da Penha. Viaja ao Rio de Janeiro para assistir à posse de Guilherme de Almeida na Academia Brasileira de Letras e é detido pela polícia, que recebera denúncia sobre sua intenção de agredir o ex-amigo e poeta Olegário Mariano. Nasce seu filho com Pagu, Rudá Poronominare Galvão de Andrade, no dia 25 de setembro.

1931 Viaja ao Uruguai, onde conhece o ex-líder tenentista Luís Carlos Prestes, exilado em Montevidéu, depois de ter sido preso em Buenos Aires. Adere ao comunismo. Lança, em 27 de março, com Pagu e Queiroz Lima, o jornal *O Homem do Povo*. Escreve matérias ofensivas à Faculdade de Direito que provocam a reação dos alunos, levando ao fechamento da redação a partir de 13 de abril. Participa da Conferência Regional do Partido Comunista no Rio de Janeiro. Deixa de viver com Pagu a partir de junho.

1933 Publica pela editora Ariel o romance *Serafim Ponte Grande*, contendo novo prefácio, redigido no ano anterior, após a revolução constitucionalista de 9 de julho, em São Paulo. Ajuda financeiramente a publicação do romance *Parque industrial* de Pagu, que assina com o pseudônimo Mara Lobo. Profere a conferência "O vosso sindicato" no Sindicato dos Padeiros de São Paulo.

1934 Participa do Clube dos Artistas Modernos. Vive com a pianista Pilar Ferrer. Publica a peça teatral *O homem e o cavalo*, com capa de Nonê. Lê cenas da peça no Teatro de Experiência, de Flávio de Carvalho, que é interditado pela polícia. Publica *A escada vermelha*, terceiro volume de *A trilogia do exílio*, cujo título inicial era *A escada de Jacó* e depois *A escada*. Apaixona-se por Julieta Bárbara Guerrini, com quem assina, em dezembro, um "contrato antenupcial" em regime de separação de bens.

1935 Faz parte do grupo que prepara os estatutos do movimento Quarteirão reunindo-se na casa de Flávio de Carvalho para programar atividades artísticas e culturais. De 19 de maio a 3 de julho, publica coluna literária no diário *A Manhã*. Escreve crônica de rodapé no jornal *A Plateia* entre 23 de julho e 27 de setembro, quando responde ao artigo de Paulo Emílio criticando a peça *O homem e o cavalo*. Compromete-se com novo empreendimento comercial adquirindo a Serraria e Carpintaria Jatahy. Conhece por meio de Julieta Guerrini, que frequenta o curso de Sociologia da USP, os professores Roger Bastide, Giuseppe Ungaretti e Claude Lévi-Strauss, de quem fica amigo. Acompanha Lévi-Strauss em excursão turística às cataratas de Foz do Iguaçu.

1936 Publica na revista *O XI de Agosto* o trecho "Página de Natal" que anos mais tarde faria parte de *O beco do escarro*, da série *Marco zero*. Termina a primeira versão de *O santeiro do Mangue*. Casa-se oficialmente com Julieta Bárbara Guerrini, no dia 24 de dezembro, em cerimônia que teve como padrinhos Cásper Líbero, Candido Portinari e Clotilde Guerrini, irmã da noiva.

1937 Frequenta a fazenda da família de Julieta Guerrini, em Piracicaba, onde recebe a visita de Jorge Amado. Publica, pela editora José Olympio, um volume reunindo as peças *A morta* e *O Rei da Vela*. Colabora na revista *Problemas*, em 15 de agosto, com o ensaio "País de sobremesa" e, em 15 de setembro, com a sátira "Panorama do fascismo". Participa das atividades da Frente Negra Brasileira e profere um discurso sobre Castro Alves em cerimônia de homenagem ao poeta realizada no Teatro Municipal.

1938 Publica na revista *O Cruzeiro*, em 2 de abril, "A vocação", texto que seria incluído no volume *A presença do mar*, quarto título da série *Marco zero*, que não chegou a ser editado. Obtém o registro n.º 179 junto ao Sindicato dos Jornalistas de São Paulo. Escreve o ensaio "Análise de dois tipos de ficção" apresentado no mês de julho no I Congresso Paulista de Psicologia, Neurologia, Psiquiatria, Endocrinologia, Medicina Legal e Criminologia.

1939 Tendo ingressado no PEN Club, parte com a esposa Julieta Guerrini, em agosto, para a Europa a bordo do navio *Alameda*, da Blue Star Line, para representar o Brasil no Congresso do PEN Club que se realizaria na Suécia. Retorna, a bordo do navio cargueiro *Angola*, depois de cancelado o evento devido à guerra. Trabalha para a abertura da filial paulista do jornal carioca *Meio Dia* do qual se torna representante. Mantém nesse jornal as colunas "Banho de sol" e "De literatura". Publica uma série de reportagens sobre personalidades paulistas no *Jornal da Manhã*. Sofre problemas de saúde. Retira-se para a estância de São Pedro a fim de recuperar-se da crise.

1940 Candidata-se à Academia Brasileira de Letras, desta vez para ocupar a vaga de Luís Guimarães Filho. Escreve uma carta aberta aos imortais, declarando-se um paraquedista contra as candidaturas de Menotti del Picchia e Manuel Bandeira, que acaba sendo eleito. Como provocação, esta carta, publicada no dia 22 de agosto no Suplemento Literário do jornal *Meio Dia*, veio acompanhada de uma fotografia sua usando uma máscara de proteção contra gases mortíferos.

1941 Relança o volume *Os condenados*, agora dividido em três partes: *Alma, A estrela de absinto, A escada*, pela editora Livraria do Globo. Encontra-se com Walt Disney que visita São Paulo. Monta, com o filho Nonê, um escritório de imóveis.

1942 Publica na *Revista do Brasil* (3.ª fase), do mês de março, o texto "Sombra amarela", dedicado a Orson Welles, de seu futuro volume *Marco zero*. Participa do VII Salão do Sindicato dos Artistas Plásticos de São Paulo. Deixa de viver com Julieta Guerrini, que entra com pedido de separação em 21 de dezembro. Tendo conhecido Maria Antonieta D'Alkmin, dedica-lhe o poema *Cântico dos cânticos para flauta e violão*, publicado como suplemento da *Revista Acadêmica* de junho de 1944, com ilustrações de Lasar Segall.

1943 Publica *A revolução melancólica*, primeiro volume de *Marco zero*, com capa de Santa Rosa, pela editora José Olympio. Com esse romance, participa do II Concurso Literário patrocinado pela *Revista do Brasil* e pela Sociedade Felipe de Oliveira. Em junho, casa-se com Maria Antonieta. Inicia, em 16 de julho, a coluna "Feira das Sextas" no *Diário de S. Paulo*. Encontra-se com o escritor argentino Oliverio Girondo, que visita o Brasil com a esposa. Por ocasião do encerramento da exposição do pintor Carlos Prado, em setembro, profere a conferência "A evolução do retrato".

1944 A partir de 1.º de fevereiro, inicia colaboração no jornal carioca *Correio da Manhã*, para o qual escreve a coluna

"Telefonema" até os últimos dias de vida. Em maio, viaja a Belo Horizonte a convite do prefeito Juscelino Kubitschek, para participar da Primeira Exposição de Arte Moderna, na qual profere a conferência "O caminho percorrido", publicada no *Diário de S. Paulo*, em 23 e 30 de junho, e mais tarde incluída no volume *Ponta de lança*. Em agosto, profere a conferência "Aspectos da pintura através de *Marco zero*", a convite do American Contemporary Arts. Publica, no dia 31 de outubro, nas páginas do *Diário de S. Paulo*, a conferência "Fazedores de América" pronunciada dias antes na Faculdade de Direito. Concede uma entrevista a Edgar Cavalheiro, que a publicou como "Meu testamento" no livro *Testamento de uma geração*.

1945 Participa do I Congresso Brasileiro de Escritores reunido em janeiro. Viaja a Piracicaba, onde profere a conferência "A lição da Inconfidência" em comemoração ao dia 21 de abril. Anuncia, em 22 de maio, o nome de Prestes como candidato à Presidência e lança o manifesto da Ala Progressista Brasileira. Publica *Chão*, o segundo volume de *Marco zero*, pela editora José Olympio, que também edita sua reunião de artigos intitulada *Ponta de lança*. Publica, pelas Edições Gaveta, em volume de luxo, com capa de Lasar Segall, *Poesias reunidas O. Andrade*. É convidado a falar na Biblioteca Municipal de São Paulo, onde pronuncia a conferência "A sátira na literatura brasileira". Discorda da linha política adotada por Prestes e rompe com o Partido Comunista do Brasil, expondo suas razões em uma entrevista publicada em 23 de setembro no *Diário de S. Paulo*. Publica, pela Gráfica dos Tribunais, a tese *A Arcádia e a Inconfidência*, apresentada à área de Literatura Brasileira da Faculdade de Filosofia, Letras e Ciências Humanas da Universidade de São Paulo. Recebe o poeta Pablo Neruda em visita a São Paulo. Publica o poema "Canto do pracinha só", escrito em agosto, na *Revista Acadêmica* de novembro, mês em que nasce sua filha Antonieta Marília de Oswald de Andrade.

1946 Participa do II Congresso Brasileiro de Escritores que se reúne em Limeira e presta homenagem póstuma ao escritor Mário de Andrade. Discursa a convite do Centro Acadêmico XI de Agosto, em homenagem a Gilberto Freyre, que visita São Paulo. Assina contrato com o governo de São Paulo para a realização da obra "O que fizemos em 25 anos", projeto que acaba sendo arquivado. Em outubro, profere a conferência "Informe sobre o Modernismo". Saúda o escritor norte-americano Samuel Putnam que visita a Escola de Sociologia e Política em novembro. Nesse mês, publica, na *Revista Acadêmica*, o ensaio "Mensagem ao Antropófago desconhecido (da França Antártica)".

1947 Publica, na *Revista Acadêmica* de julho, o poema *O escaravelho de ouro*, dedicado à filha Antonieta Marília e datado em 15 de abril de 1946. Candidata-se, em outubro, a delegado regional da Associação Brasileira de Escritores, que realiza congresso em Belo Horizonte. Perde a eleição e se desliga da entidade por meio de um protesto dirigido ao presidente da seção estadual, Sérgio Buarque de Holanda. Concede entrevista a Paulo Mendes Campos, publicada no *Diário Carioca*, em 12 de outubro, com o título "O êxito na Terra substitui a esperança no céu", juntamente com uma seleta do autor.

1948 Nasce, em 24 de abril, seu quarto filho, Paulo Marcos Alkmin de Andrade. Nesta época, participa do Primeiro Congresso Paulista de Poesia no qual discursa criticando a chamada "geração de 1945" e reafirma as conquistas de 1922. Viaja em julho a Bauru, no interior de São Paulo, onde profere a conferência "O sentido do interior". Em novembro, realiza outra viagem de trem, passando por Mato Grosso, a convite do general José de

Lima Figueiredo, diretor da Estrada de Ferro Noroeste do Brasil.

1949 Profere conferência no Centro de Debates Cásper Líbero, no dia 25 de janeiro, intitulada "Civilização e dinheiro". Em abril, faz a apresentação do jornal *Tentativa,* lançado pelo grupo de intelectuais residentes em Atibaia, a quem concede entrevista sobre a situação da literatura. Profere conferência no dia 19 de maio no Museu de Arte Moderna, onde fala sobre "As novas dimensões da poesia". Recebe, em julho, o escritor Albert Camus que vem ao Brasil para proferir conferências. Faz com ele uma excursão a Iguape, entre os dias 3 e 7 de agosto, a fim de assistir às Festas do Divino, relatadas por Camus no livro *Journaux de Voyage.* Oferece-lhe uma "feijoada antropofágica" em sua residência. Inicia, no dia 5 de novembro, a coluna "3 linhas e 4 verdades" na *Folha da Manhã,* atual *Folha de S. Paulo,* que manteve até o dia 8 de outubro do ano seguinte. Profere conferência sobre Rui Barbosa na Faculdade de Direito, no dia 15 de novembro.

1950 No dia 25 de março, comemora seu 60.º aniversário e o Jubileu de *Pau Brasil* com um "banquete antropofágico" no Automóvel Club de São Paulo. É homenageado com um discurso de Sérgio Milliet. O *Diário de Notícias,* do Rio de Janeiro, publica, dia 8 de janeiro, o "Autorretrato de Oswald". Em fevereiro, concede entrevista a Mário da Silva Brito, para o *Jornal de Notícias,* intitulada "O poeta Oswald de Andrade perante meio século de literatura brasileira". Em abril, escreve o artigo "Sexagenário não, mas sex-appeal-genário" para o jornal *A Manhã*. Recebe em maio o professor americano Marvin Raney da Universidade de Wisconsin e, em julho, o diretor H. G. Clouzot. Participa do I Congresso Brasileiro de Filosofia com a comunicação "Um aspecto antropofágico da cultura brasileira, o homem cordial". Publica, pela gráfica Revista dos Tribunais, a tese *A crise da filosofia messiânica*, apresentada à Universidade de São Paulo para obtenção do título de livre-docente. Lança-se candidato a deputado federal pelo Partido Republicano Trabalhista com o lema Pão-teto-roupa-saúde-instrução-liberdade. Em dezembro, profere as conferências "Velhos e novos livros atuais", na Câmara Brasileira do Livro, e "A arte moderna e a arte soviética".

1951 Em janeiro, entrega a Cassiano Ricardo um projeto escrito a propósito da reforma de base anunciada por Getúlio Vargas. Propõe a organização de um Departamento Nacional de Cultura. Suas dificuldades financeiras acentuam-se. Consegue negociar um empréstimo junto à Caixa Econômica para conclusão da construção de um edifício. Recebe o filósofo italiano Ernesto Grassi, a quem oferece um churrasco em seu sítio em Ribeirão Pires. No dia 8 de agosto, a *Folha da Manhã* publica seu perfil em artigo intitulado "Traços de identidade".

1952 Em 17 de fevereiro, o suplemento Letras & Artes do jornal carioca *A Manhã* republica o "Manifesto da Poesia Pau Brasil" entre a série de matérias comemorativas dos trinta anos da Semana de Arte Moderna. Em abril, faz saudação a Josué de Castro, representante da ONU, durante evento promovido pela Secretaria Municipal de Cultura. Em junho faz anotações para um estudo sobre a antropofagia escrevendo os ensaios "Os passos incertos do antropófago" e "O antropófago, sua marcha para a técnica, a revolução e o progresso". Passa temporadas no sítio de Ribeirão Pires e em Águas de São Pedro para tratamentos de saúde. Em dezembro, escreve "Tratado de antropofagia"; é internado na Clínica São Vicente, no Rio de Janeiro.

1953 Participa do júri do concurso promovido pelo Salão Letras e Artes Carmen Dolores Barbosa e dirige saudação a José Lins do Rego, premiado com o romance *Cangaceiros*. Sofre nova internação hospitalar no Rio de Janeiro, durante o mês de junho. Publica, a partir de 5 de julho, no caderno Literatura e Arte de *O Estado de S. Paulo*, a série "A marcha das utopias" e, a partir de setembro, fragmentos "Das 'Memórias'". Recebe proposta da agência internacional Bolnes para traduzir *Marco zero* para o francês. Em dezembro, sem recursos e necessitando de tratamentos de saúde, tenta vender sua coleção de telas estrangeiras para o Museu de Arte Moderna do Rio de Janeiro, que formava seu acervo, e os quadros nacionais para Niomar Muniz.

1954 A partir de fevereiro, prepara-se para ministrar curso de Estudos Brasileiros na Universidade de Upsala, Suécia. Altera a programação e prepara curso a ser dado em Genebra. Não realiza a viagem. Em março, é internado no Hospital Santa Edwiges e escreve o caderno de reflexões "Livro da convalescença". Envia comunicação a ser lida por Di Cavalcanti no Encontro de Intelectuais, no Rio de Janeiro. Em maio, sofre intervenção cirúrgica no Hospital das Clínicas. Profere a conferência "Fazedores da América — de Vespúcio a Matarazzo" na Faculdade de Direito. É homenageado pelo Congresso Internacional de Escritores realizado em São Paulo. Vem à luz o primeiro volume planejado para a série de memórias, *Um homem sem profissão, Memórias e confissões* e *Sob as ordens de mamãe*, com capa de Nonê e prefácio de Antonio Candido, pela editora José Olympio. Seu reingresso nos quadros da Associação Brasileira de Escritores é aprovado em agosto. Em setembro, é entrevistado pelo programa de Radhá Abramo na TV Record. Em outubro, é novamente internado e falece no dia 22, sendo sepultado no jazigo da família, no Cemitério da Consolação.

ESTE LIVRO, COMPOSTO NAS FONTES CREME, FAIRFIELD,
GEOMETRIC ASTROID, MADAWASKA E PYKES PEAK ZERO,
E PAGINADO POR PIMENTA DESIGN E CONCEITO,
FOI IMPRESSO EM OFF SET 90G NA CROMOSETE.
SÃO PAULO, BRASIL, NO INVERNO DE 2011.